石鼓文
研究新析

马成名 编著

上海书画出版社

前　言

1932年秋，郭沫若在日本东京文求堂看到一套明朝大收藏家安国"十鼓斋"收藏的宋拓《石鼓文》，于是写成了《石鼓文研究》一文，收入其《古代铭刻汇考》一书内，于1933年秋在日本印行。

1936年郭沫若在编纂刘体智所藏的甲骨文拓本成《殷契粹编》时，日本的一位骨董家河井仙郎愿将其珍藏的安国三种《石鼓文》照片（即"先锋本""中权本""后劲本"）与其交换借阅，于是郭沫若复制了这三册《石鼓文》照片。根据这些资料，郭沫若对《石鼓文研究》进行了修订、补充，于1939年7月作为"孔德研究所丛刊"之一由商务印书馆出版。

《石鼓文研究》一书，其内容除了"再论石鼓文之年代"之外，主要是介绍明朝安国"十鼓斋"收藏的北宋拓《石鼓文》"先锋本""中权本""后劲本"的情况。1954年《石鼓文研究》一书重印时，郭氏有重印弁言："明代嘉靖年间（16世纪）的锡山安国是一位有名的藏书家兼印书家。他有过一部铜铸的活字，曾经印行过好些古籍。他也喜欢收藏《石鼓文》拓本。

在他的收藏品中，有三种北宋拓本最古，他命之为'先锋本''中权本''后劲本'。三本均经剪装，年代先后，相差不远。先锋本最古，后劲次之，中权较晚；但中权残字多被保存，后劲次之，先锋剪夺最多。故三本虽略有先后，而亦互有优劣。三本均于抗日战争前，被民族文化败类售往日本，收买者为日本财阀三井银行的老板，视之为天壤瑰宝，秘不示人。"

安国十鼓斋《石鼓文》最早出现在世上的时间是1918年，无锡人秦文锦在上海开设的艺苑真赏社出版了一册明安国十鼓斋收藏北宋拓《石鼓文》中甲本（"甲"字是"权"字改写）。这是安国十鼓斋《石鼓文》首次面世。同时出版的还有《十鼓斋》收藏的秦始皇《泰山刻石》宋拓五十三字本。

1935年中华书局又出版了十鼓斋《石鼓文》后劲本，册后有唐兰、马衡撰写的出版说明。

1939年郭沫若出版《石鼓文研究》一书，附有十鼓斋《石鼓文》先锋本。

之前"中权本""后劲本"出版时，只印了拓本，后面没有题跋。《石鼓文研究》一书，则将三册中倪瓒、浦源、安国等所有的观款、题跋都载入书中。三册全部内容公之于众后，遂引起了国人极大的关注。从此时起，十鼓斋《石鼓文》被尊为《石鼓文》拓本存世最早本之声誉已初具。

《石鼓文》刻于先秦时期，至今已有两千多年的历史，石上所刻的文字随着岁月的变迁，不断损泐，目前在石鼓原石上残存仅二百余字。故早期的拓本存字较多，对研究《石鼓文》来说十分重要。据之前记载，《石鼓文》北宋拓本流传有绪，确信实物存世的仅有一册，该册曾经元朝赵孟頫收藏，明朝归宁波范氏天一阁，清朝仍存天一阁。但此册在咸丰年间因战乱被毁。此后数十年间不复再有《石鼓文》北宋拓本存世。天一阁所藏北宋拓《石鼓文》存有四百六十余字，而安国十鼓斋《石鼓文》的出现，其"先锋""中权""后劲"之册，存字有五百零一字，较天一阁藏本多五十余字，即引起学者对《石鼓文》研究的重视。尽管当时亦有人怀疑其真伪，但在往后数十年间，十鼓斋《石鼓文》以北宋拓本被推崇至顶峰，达到无以复加的地步。

《石鼓文》在中国历史上，无论是文字学、文学史、书法史、碑刻史等都有着极其重要的地位，因此很多书籍都把十鼓斋《石鼓文》作为北宋拓《石鼓文》的典范，无可置疑地载入各种权威著作中。如《中国书法大辞典》《中华书法篆刻大辞典》《中国美术全集》《中国碑刻全集》，以及所有有关碑帖鉴定的书籍等。

自从1918年上海艺苑真赏社印刷出版十鼓斋《石鼓文》中的"中甲（权）本"，至今已超过了一百年。

郭沫若《石鼓文研究》一书出版至今亦有八十余年。十鼓斋《石鼓文》中的"先锋本""中权本""后劲本"被认为是存世《石鼓文》拓本中最早的北宋拓本，已成了公论，戴上了"桂冠"。但随着时间的推移，在2011年的时候，上海出现了一册新的十鼓斋《石鼓文》。一石激起千层浪，十鼓斋《石鼓文》再次引起国人的关注。笔者亦是被此"浪"沾湿了身，开始对十鼓斋《石鼓文》做进一步的探讨。以前见到十鼓斋《石鼓文》只是在展览中隔窗观望，或是从印刷品中观其大略，但总是隔靴搔痒，不得要领。这次能见到实物，亲手抚摸，仔细观察，分外留心。但在后来进一步研究分析中，笔者逐步发现有很多疑点。

十鼓斋《石鼓文》究竟是否为《石鼓文》存世拓本中最早的拓本？究竟是否宋拓本？究竟是否已经无可置疑了？诸多疑问，想读者看完本书以后，自有公论。百年来对于所谓明朝安国十鼓斋收藏宋拓《石鼓文》之误判，是该真相大白了。

俗语有说，不破不立，先破而后立。安国十鼓斋《石鼓文》为《石鼓文》存世最早拓本被"破"，目前所知《石鼓文》最早拓本为何？请见本书第二部分论述。

目　录

前言 /1

壹　明朝安国十鼓斋《石鼓文》之我见

《石鼓文》概况 /2

十鼓斋《石鼓文》的出现与显世 /4

新出《石鼓文》是否与安国十鼓斋藏本相同 /7

对新出本十鼓斋《石鼓文》追根寻源 /10

重新对新出本十鼓斋《石鼓文》研究 /12

十鼓斋《石鼓文》的疑点 /14

十鼓斋《石鼓文》的流传 /34

当时对十鼓斋收藏碑帖的质疑 /37

十鼓斋《石鼓文》是伪造本 /39

余论 /44

贰　目前所知《石鼓文》存世最早拓本

《石鼓文》拓本之"小天籁阁项源本" /49

"徐坊本"早于"小天籁阁项源本" /50

"安思远本"又早于"徐坊本" /53

"安思远本"是目前存世最早之《石鼓文》拓本 /57

附图

《石鼓文》陈元素本 /63

《石鼓文》徐坊本 /97

《石鼓文》项源本 /121

《石鼓文》中权本 /141

壹　明朝安国十鼓斋《石鼓文》之我见

事情的缘起是在2012年10月下旬，笔者在中国台北参加第三届世界华人收藏家大会。一天接到一位台北的朋友胡君来电，问笔者在哪里，在美国还是国内，笔者答不在美国也不在国内，而是在你的老家台北。胡君说有事情请教，约好见面。11月我们在上海见面了，寒暄一番多年不见后，胡君取出一册碑帖让笔者鉴定。册面题签："宋拓石鼓文，明安国十鼓斋旧藏，辛卯岁末得于秦文锦氏后人。"（图1）见到签条十分震撼，明朝大收藏家安国十鼓斋收藏的《石鼓文》，如雷贯耳，非常重要。但又十分惊奇，因为笔者知道明朝安国十鼓斋收藏的《石鼓文》（以下均称"十鼓斋《石鼓文》"）都是宋拓本，而国内不论公私收藏都没有一件《石鼓文》的宋拓本。所以近百年来十鼓斋《石鼓文》已被奉为存世《石鼓文》拓本中的圭臬。而且据笔者所知，十鼓斋《石鼓文》拓本，除一册佚失外，都已流往日本，从未听说过国内还有藏本。如果这册《石鼓文》拓本真是明朝安国十鼓斋所收藏，

图1

图2

真是宋拓本的话，那将是中国文物史上的又一重大发现，不亚于当年经笔者之手发现的北宋拓《淳化阁帖》最善本，可以填补《石鼓文》拓本在中国国内没有宋拓本的空白。

抱着这样的心态，笔者诚惶诚恐翻阅这册碑帖（图2）。不过在这之前有必要先对《石鼓文》和明朝安国十鼓斋收藏的《石鼓文》做一简单介绍。

《石鼓文》概况

《石鼓文》是中国最早的刻在石上的大型石刻文字。因为是刻在形状似鼓的石墩上，因而取名为《石鼓文》。《石鼓文》作为中国最早的石刻文字，在文字学、文学史、书法史、碑刻史上都有十分重要的地位，历来被专家学者所重视和研究。

《石鼓文》其刻石的年代据考可定在先秦时期，距今二千五百年以上，其刻石的书法为上古籀文，其刻石的内容为记载国君游狩渔猎的十首四言诗。原石唐初在陕西省岐州雍县南之三畤原发现，唐朝之名臣苏勖、李嗣真，书法家张怀瓘、虞世南，诗人杜甫、韩愈等人，对《石鼓文》都有诗文称颂。当初原石散落在陈仓田野中，唐宪宗元和十年（820）郑余庆始迁至凤翔之孔子庙，经五代战乱又复散失，宋朝司马池知凤翔时将石鼓搬至府学时已失其一鼓，剩下九石鼓。北宋仁宗皇祐四年（1052），向传师搜访而得所失之一鼓，但石上端已被削成臼形，每行文字缺失上三字。宋徽宗大观年间原石归于京师（今河南开封）。宋朝南渡，金人将石鼓搬至燕京，而后一直存在北京国子监。20世纪抗日战争时原石曾迁往四川，抗战胜利后迁回北京，现存故宫博物院。

刻在石鼓上的文字，经过二千多年的风吹雨打，日晒雨淋，天灾的损害，人为的破坏，日渐变少，故《石鼓文》存字的多少，一直以来都为研究者和收藏家所关注和重视。历史上对《石鼓文》的存字多少都有记载，如宋人孙巨源得唐人录本四百九十七字，欧阳修《集古录》存四百六十五字，薛尚功所录四百五十一字，明朝著名藏书家范钦天一阁藏本录四百六十二字等等。以上大多为文字的记录，唯一有实物拓本存世的是范钦天一阁本，该本原为元朝赵孟頫收藏，可是在清朝咸丰十年（1860）毁于兵燹。从此就再没有《石鼓文》的宋拓本实物出现过。

十鼓斋《石鼓文》的出现与显世

民国初，市面上突然出现的明朝藏家安国十鼓斋收藏的北宋拓本《石鼓文》，为上海艺苑真赏社珂罗版印制出版。艺苑真赏社是无锡秦文锦、秦清曾父子二人于1903年在上海三马路（汉口路）创办的一家专门以珂罗版和金属版印制碑帖的店铺。当年（约1918年）在该社的"本社印行周鼓秦碑附告"中，对出版该拓做了这样一段说明："北宋周石鼓文，此前明锡山安氏十鼓斋中第一本也。桂坡称宋内府赐本。……右周秦两种，美且难并，为墨林鸿宝，亦主人藏碑中最煊赫最贵重者。本社开幕之初，即请求假印，因主人深闭固拒，未肯俯从，不得已而思其次，免以副本相假。周鼓为安氏第四本，秦碑为安氏初得不全本，字数虽少，均为宋拓，精印流传，已十数载矣。"[1]

这是最早出现十鼓斋《石鼓文》的时间，但十鼓斋《石鼓文》大显于世的时间则是郭沫若在日本见到十鼓斋旧藏"先锋本""中权本""后劲本"的照片，并发表了《石鼓文研究》一书之后。该书在1939年7月作为"孔德研究所丛刊"之一由商务印书馆出版（图3）。在1959年该书第三版出版时，郭氏在重印弁言中详细说明了当年其发现十鼓斋《石鼓文》的经过。这里摘录部分，让读者有所了解。文曰：

1933年秋，笔者在日本东京文求堂书店看到一套拓本的照片，

---

[1] "本社印行周鼓秦碑附告"摘自陈荣清《析明安国所藏〈石鼓文〉北宋拓之真伪》一文。文中"周鼓为安氏第四本"应是艺苑真赏社出版的赵叔孺藏《石鼓文》朱才甫本。"秦碑为安氏初得不全本"应是《泰山刻石》五十三字本。

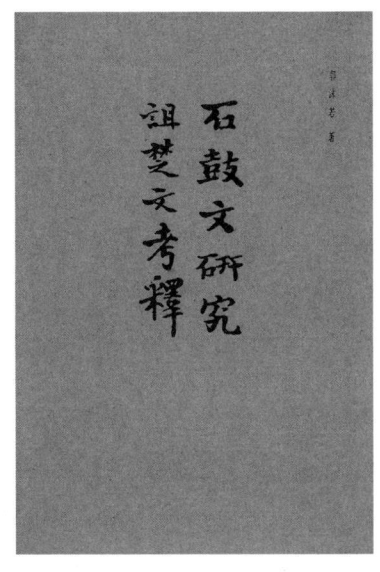

图3

共四十二张，并无题跋。后来才知道这就是后劲本的照片，是三井儿子借给朋友看而流散在外的。……我又把照片寄回国内，由马衡、唐兰二氏负责印出，当时误信耳食之言，曾以之为"前茅本"。和这套照片的发现约略同时，上海艺苑真赏社把"中权本"印行，但妄把"权"字磨改为"甲"字，冒充"十鼓斋中甲本"，书后长跋被删去，以掩其作伪之迹。

1936年夏，收藏家刘体智把他所藏的甲骨文拓本二十册，托人送到东京，希望加以利用，进行研究。我选了一千五百九十五片编成《殷契粹编》，1937年5月印行于日本。当我在从事编纂的时候，东京的一位骨董家河井仙郎听说我处有刘氏甲骨拓本，他便向我建议：愿意把他珍藏的安国三种石鼓文的照片和我交换借阅。河井是三井的学术顾问，事实上就是帮忙三井收买中国古代文物的捐客。安国石鼓文被三井收买时，正是他从中斡旋的，故他有三本的全套照片，即时最初进行交易时由上海送去的样本。我接受了河井的建议，因而我就有了机会，得以看到先锋、中权、后劲三本的全貌。三本照片前后题跋俱全，中权、后劲的蹊跷也就得到了阐明。

河井的照片我把它复制了，根据这样难得的资料，我对著作《石鼓文研究》进行了一番的修改和补充。整理完毕之后，我把全部资料邮寄上海沈尹默氏，请他设法印行。

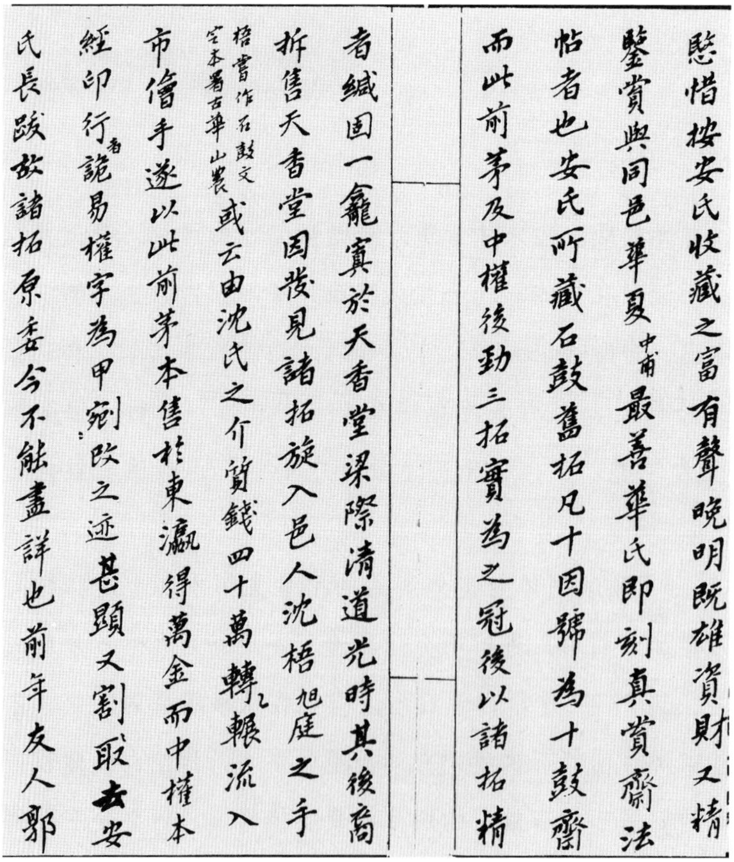

憨惜按安氏收藏之富有聲晚明既雄資財又精
鑒賞與同邑華夏中甫最善華氏即刻真賞齋法
帖者也安氏所藏石鼓舊拓凡十因號為十鼓齋
而此前茅及中權後勁三拓實為之冠後以諸拓精
者緘固一籠實於天香堂梁際清道光時其後商
折售天香堂因發見諸拓旋入邑人沈梧旭庭之手
梧嘗作石鼓文宋本署古華山農或云由沈氏之介貸錢四十萬轉報流入
市儈手遂以此前茅本售於東瀛得萬金而中權本
經印行者詭易權字為甲剜改之迹甚顯文割取去安
氏長跋故諸拓原香今不能盡詳也前年友人郭

图4

郭沫若1932年从文求堂得到照片，交与马衡、唐兰出版的是"后劲本"，1935年由中华书局出版，后面有唐兰、马衡二人题跋。二人的题跋均误以为该本是"前茅本"。唐兰的题跋很详细，前面校阅了此本与中权本之不同，后面道出了十鼓斋《石鼓文》的来历："……按安氏收藏之富，有声晚明，既雄资财，又精鉴赏。与同邑华夏（中甫）最善，华氏即刻《真赏斋法帖》者也。安氏所藏石鼓旧拓凡十，因号为十鼓斋，而此前茅及中权、后劲三拓实为之冠，后以诸拓精者缄固一奁，置于天香堂梁际。清道光时其后裔拆售天香堂，因发现诸拓，旋入邑人沈梧（旭庭）之手。（梧尝作石鼓文定本，署古华山农。）或云由沈氏之介质钱四十万，辗转流入市侩手，遂以此前茅本售于东瀛，得万金。而中权本经印行者诡易'权'字为'甲'，剜改之迹甚显，又割去安氏长跋，故诸拓原委今不能尽详也……"（图4）

新出《石鼓文》是否与安国十鼓斋藏本相同

以上是《石鼓文》和明朝安国十鼓斋收藏的《石鼓文》的介绍。现在回到第一段，当初笔者怀着诚惶诚恐的心情翻阅这册碑帖拓本后仔细鉴读了两遍，册中有安国收藏印多枚，册后有"澹庵成始终观于䒿溪草堂"（图5）观款两行字，字画虽经装裱墨已晕开，章草书写字里行间不若今草流畅，安国藏印、成氏观款都无可非议，但拓本纸张平滑，拓墨不见字口，心中颇有疑惑。当时在室内观看，灯光暗淡，于是笔者要来台灯一盏，加大亮度，仔细再阅；灯光下会有误差，还是不放心，再携往室外观看，但已近黄昏，光线暗晦，也看不出个所

以然。约定第二天在日光下再看。看完后笔者初步的结论是，此本应是安国十鼓斋的藏本，至于在安国藏本中属于排名第几，需要校阅后才知道，于是要求复印一份，进一步研究。

笔者对新出现的此册十鼓斋《石鼓文》的疑惑，是拓本纸张平滑，拓墨不见字口。在这里对于碑石拓本的字口问题需要解释一下。碑帖拓本是用纸在碑石上捶拓下来的。碑石的刻字大都是凹下去的，拓碑的过程是先要将拓纸浸湿，将拓纸铺在碑石上，然后用木槌或棕刷在碑石上隔纸或毡打刷，有字的地方将纸打刷下去，再用墨包拓墨，纸张凹下去的地方就成了白字，而凹下去白字的边沿就叫作字口。所以裱碑帖和裱书画是两回事，裱书画纸张要平，不能有皱纹。裱碑帖要保留拓本凹下去的皱纹才能看见字口。如北魏郑道昭《郑文公碑》，拓本字口清晰（图6）。碑帖拓本不见字口有两种情况：一种是碑帖拓本重复揭裱多次后，字口都撑平了，此种情况仍是真的拓本；另一种情况是伪造，将印刷品填墨后充当真拓本。笔者为何对此拓本不见字口如此介意，是因为笔者曾经见过的高科技条件下的印刷品，其逼真程度简直可以乱真。

十天后复印本送到，当时笔者尚在上海，手边没有安国十鼓斋的《石鼓文》印本可以校阅。返美国以后，笔者找出十鼓斋《石鼓

图5

壹　明朝安国十鼓斋《石鼓文》之我见

图6

文》的"先锋本""中权本""后劲本"及赵叔孺题签之"朱才甫本"，四册印本与此国内新出现本，五册相校阅，校阅结果肯定此国内新出本确实和十鼓斋《石鼓文》相同，应是其中之一。

但又出现新的疑问，国内新出本拓墨的时间与"中权本"相当，或较"中权本"略早。因为第一鼓"吾车鼓"第四行第六字"鹿"字，国内新出本较之"中权本"尚多见一横画，与"后劲本"相同（图7）。此亦应是北宋拓本，为何安国没有题跋？在"先锋本""中权本""后劲本"中，安国都钤盖四十几枚收藏章，即使在赵叔孺题签所谓南宋拓本上亦钤盖了二十几枚收藏章，为何在这本上安国只钤盖了七枚收藏章？其他各本都有钤盖沈梧的收藏章，为何这本没有沈梧的收藏章？虽然有这些疑问，但笔者对此

安国后劲本　　　　安国中权本 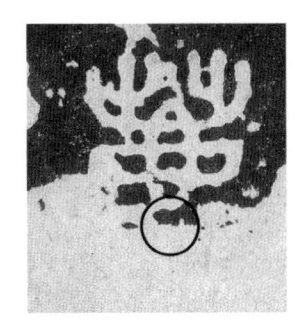　　　　新见本

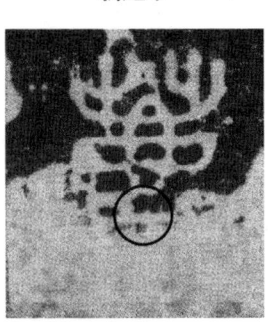

图7

册是十鼓斋《石鼓文》之一并没有怀疑。当时笔者已经知道十鼓斋《石鼓文》共有六册。日本三井文库藏有四册,"先锋本""中权本""后劲本",还有一册称"安国第三册"的,日本中村不折氏书道博物馆藏有一册。以上五册笔者均曾经寓目。再有一册即上海艺苑真赏社最早印刷的"赵叔孺题签本"。这次出现的是第七册。笔者曾经和日本二玄社的高岛义彦聊天的时候,询问过日本三井收藏十鼓斋《石鼓文》的情况。因为有一年三井东京收藏碑帖的地库被水淹了,很多碑帖被水浸湿,高岛帮助三井整理过这批碑帖。高岛告诉笔者,三井藏有七部《石鼓文》,是不是七部都是安国收藏的不清楚。当时笔者想过,现在出现的这"第七册"是不是从日本三井处回流国内的。

对新出本十鼓斋《石鼓文》追根寻源

为了搞清楚这些疑问,笔者第二年回国的时候即想知道这册国内新出本的十鼓斋《石鼓文》从何而来。经打听原来是2011年11月从上

海朵云轩拍卖公司释出。朵云轩是笔者三十年前的"老家",笔者曾经在朵云轩工作过二十年,要找熟人了解情况还是容易的。经介绍找到当时朵云轩经手征集此次碑帖拍卖的经手人余君,余君告知此册《石鼓文》是由上海艺苑真赏社创办人秦氏的后人提供的,同时提供的碑帖、书法拍品共有十六件之多。在朵云轩拍卖的目录中这件《石鼓文》的说明是这样写的:"《石鼓文》,皮纸简裱本,一册,署年清拓本。说明,此册为清代据安国藏明拓本翻刻。估价,人民币2000—3000元。"见到目录,当初笔者曾经怀疑这册《石鼓文》是否高科技电脑高清仿真的疑问即时消失。因为二三千元人民币是做不出一册仿真品的(图8)。

图8

但是为什么目录的说明谓"此册为清代据安国藏明拓本翻刻"?就这个问题笔者又询问余君所依何据,余君说这是物主提供拍品时说的。笔者听到这样的说法,十分惊讶。是否真实?半信半疑。但余君亦不应该会凭空捏造这个说法。

既然此册新出之《石鼓文》与十鼓斋《石鼓文》有着千丝万缕的关系,鉴于十鼓斋《石鼓文》是目前《石鼓文》存世拓本中公认的最早拓本,就更有必要搞清楚究竟是翻刻本,还是原石拓本。

重新对新出本十鼓斋《石鼓文》研究

  之前笔者所做的研究是以安国十鼓斋《石鼓文》与国内新发现本做比较，证实新出现本是安国所藏之一。现在研究的是安国十鼓斋《石鼓文》是否翻刻本，这是一个新的命题。必须要改变研究的方向，改辕易辙，重起炉灶，要以《石鼓文》的原石拓本，与十鼓斋《石鼓文》相比较才能得出结论。

  笔者藏有光绪十九年国子监祭酒陆润庠监拓本《石鼓文》并《石鼓文音训》一套（图9），又民国时故宫博物院院长马衡题跋的《石鼓文》《石鼓文音训》《清乾隆刻石鼓文》《清王杰等重排石鼓文音训》一套（图10）。陆润庠与马衡都是当年《石鼓文》原石的管理者。陆润庠是国子监祭酒，就是掌管国子监最高的官员，当时石鼓原石就保存在国子监，所以陆润庠监拓的《石鼓文》肯定是原石拓本。马衡是当年故宫博物院院长，而且是研究《石鼓文》的专家，石鼓原石当时由故宫博物院保管，所以马衡收藏的《石鼓文》拓本也肯定是原石拓本无疑。

  以此二套《石鼓文》的原石拓本，与十鼓斋《石鼓文》的"先锋本""中权本""后劲本""新见本"，逐鼓、逐字仔细校对，最后发现所谓明朝大收藏家安国十鼓斋收藏的宋拓本《石鼓文》，有很多翻刻本的迹象。

  在这里有必要说明一下，什么是碑帖的翻刻本，碑帖翻刻本的特征是什么。所谓碑帖的翻刻本就是复制品。以原碑石的拓本为范本，重新再刻一块碑石，重新再刻的这块碑石就是翻刻本，翻刻本与原石

壹　明朝安国十鼓斋《石鼓文》之我见

图9

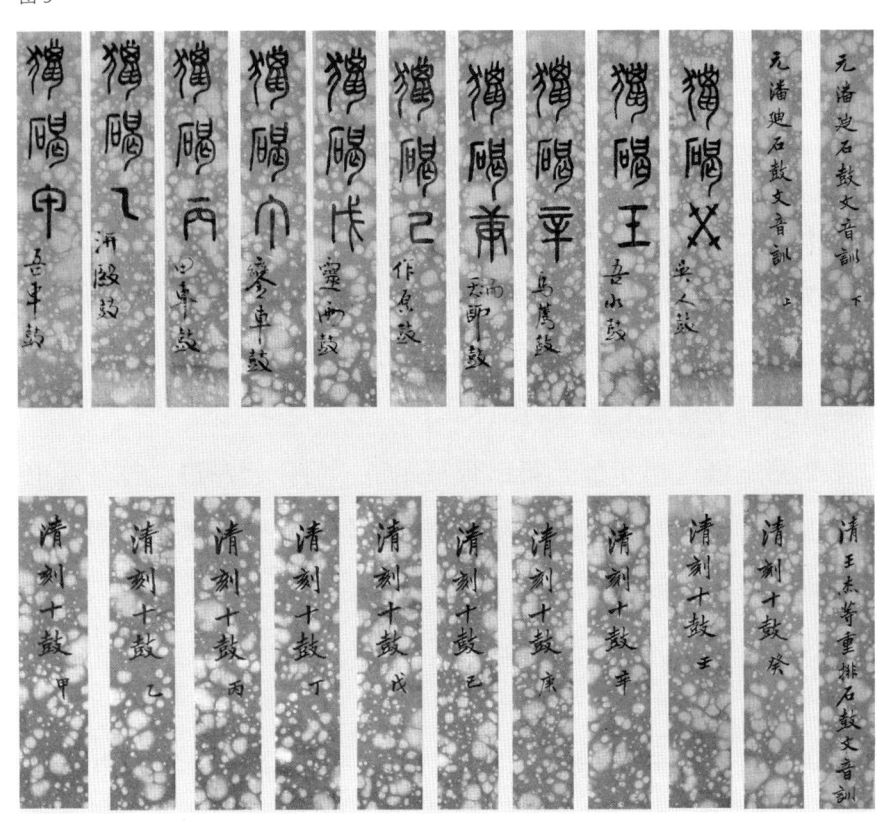

图10

13

本之区别在于，翻刻本的文字笔画羸弱，神态木讷。翻刻本最难复制的是碑石损泐的石花。碑石刻成以后，大都存放在露天，没有任何遮盖，千百年来，经风吹雨打，碑石逐渐损坏。损坏的地方在碑帖拓本中就成了白色的点块，称之为石花。由于这是天然条件造成的损坏，石花看上去是很自然的，而翻刻本要人为地照原样将这损坏的地方刻出来，则会有僵硬、凝滞、不自然的感觉。而且碑石损坏的程度有深有浅，原石拓本尚能见到这些深浅的变化，翻刻本则无法做到，只能一片空白。特别是文字的笔画之间，原石拓本笔画之间虽有损泐但尚能辨认见到笔道，翻刻本则一片模糊或损坏的地方也变成笔画了。

十鼓斋《石鼓文》的疑点

疑点一：十鼓斋《石鼓文》拓本与原石拓本之差异

1.第一鼓"吾车鼓"第四行第二字"邋"字，"舟"部下"止"，中部竖笔顶，原石本有石花而与上横画不连，安国本石花已变成笔画与上横画相连。（图11–1）

2.第三鼓"田车鼓"第二行第四字"简"，左边"竹"部中竖点，原石本下部有石花而不与下"门"部相连，安国本石花已变成笔画一笔直下。（图11–2）

3.第三鼓"田车鼓"第五行第二字"写"字中间，安国本多刻两点，原石本其实此处是石花。（图11–3）

4.第三鼓"田车鼓"末行第一字"庶"字，""部中间长撇笔，原石本中间虽有石花但一笔相连，安国本撇笔中断，石花与笔画

交代不清。（图11-4）

5.第四鼓"銮车鼓"第七行首二字"阳遂"，原石本笔道石花自然，安国本软弱，毫无精神，且石花星碎，明显人工雕琢刻本特征。（图11-5）

6.第五鼓"灵雨鼓"第八行第三字"深"字，""部右点，原石本右点左旁虽有石花，但起笔清晰，安国本误刻石花与笔画成一笔。（图11-6）

7.第六鼓"作原鼓"第二行第二字""字""部左竖笔，原石本上面小点是石花，安国本已将小点石花与竖笔误刻成一笔。（图11-7）

8.第六鼓"作原鼓"第二行第四字""字"罒"部右点下部，原石本虽有石花但笔画清晰，安国本已将石花与点笔刻成一笔。（图11-8）

9.第六鼓"作原鼓"第九行第四字"敔"字"百"部中二小横画。原石本笔道清晰，安国本误刻小横画已泐。（图11-9）

10.第六鼓"作原鼓"第十行第一字"盩"字"皿"部下横画，原石本能见笔道，安国本刻不成笔画。（图11-10）

11.第九鼓"吾水鼓"第六行第二字"吾"字"口"部，原石本笔道清晰，安国本"口"部与右石花相连，刻不成字。（图11-11）

12.第九鼓"吾水鼓"第五行第二、第三、第四字"丙申"，安国本存在明显的翻刻特征，特别"申"字的石花。（图11-12）

图 11-1

图 11-2

图 11-3

壹　明朝安国十鼓斋《石鼓文》之我见

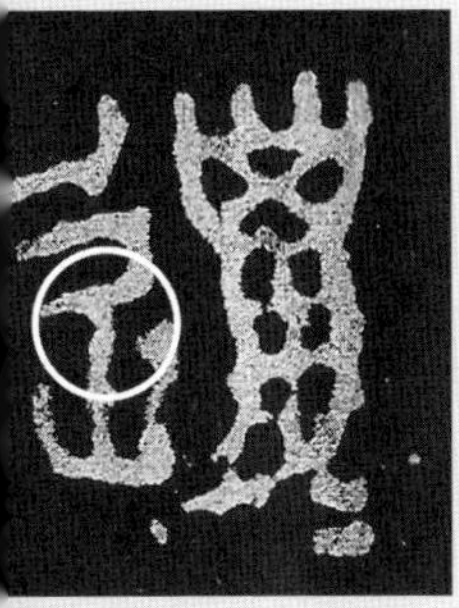

安国先锋本	新见本	马衡藏本

安国先锋本	新见本	马衡藏本

安国先锋本	新见本	马衡藏本

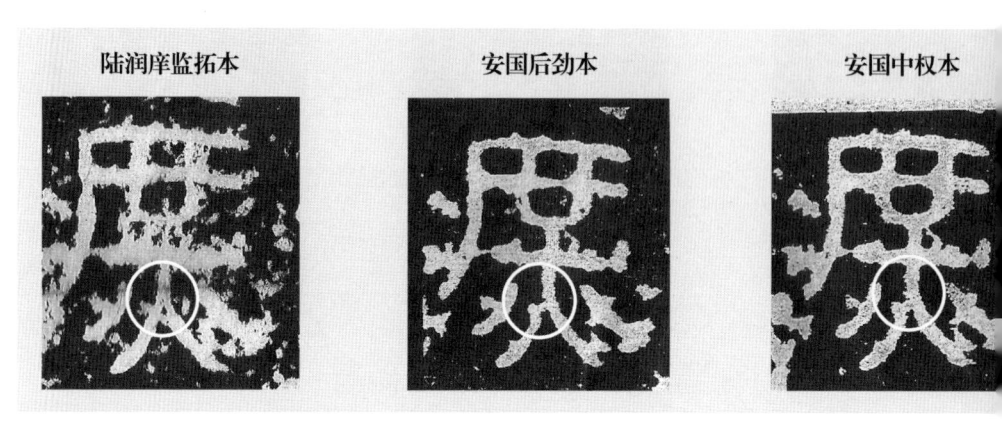

图 11-4

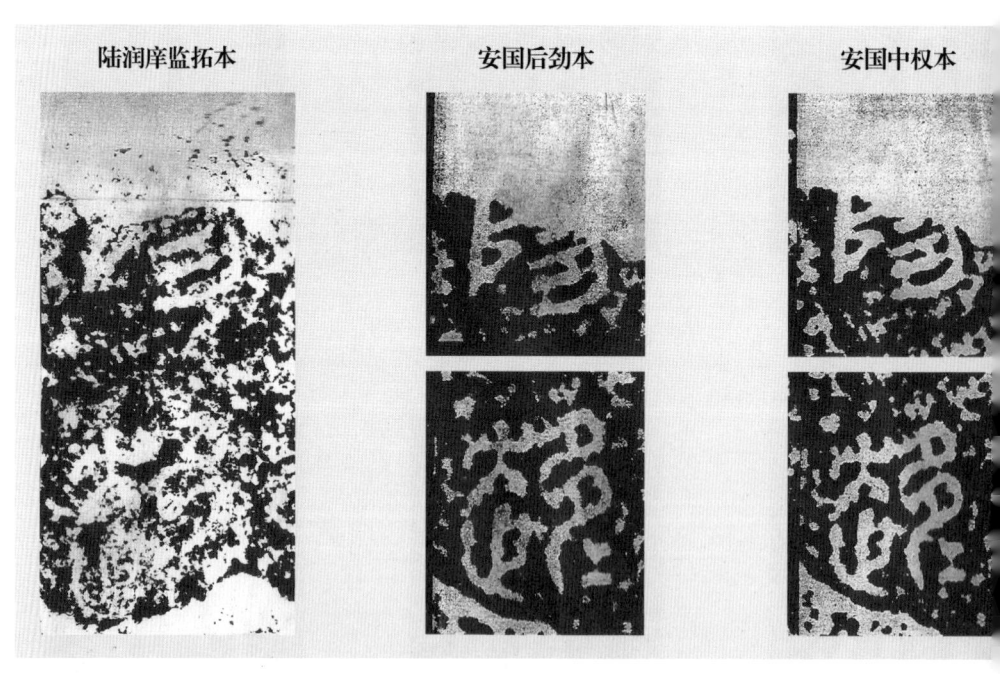

图 11-5

壹　明朝安国十鼓斋《石鼓文》之我见

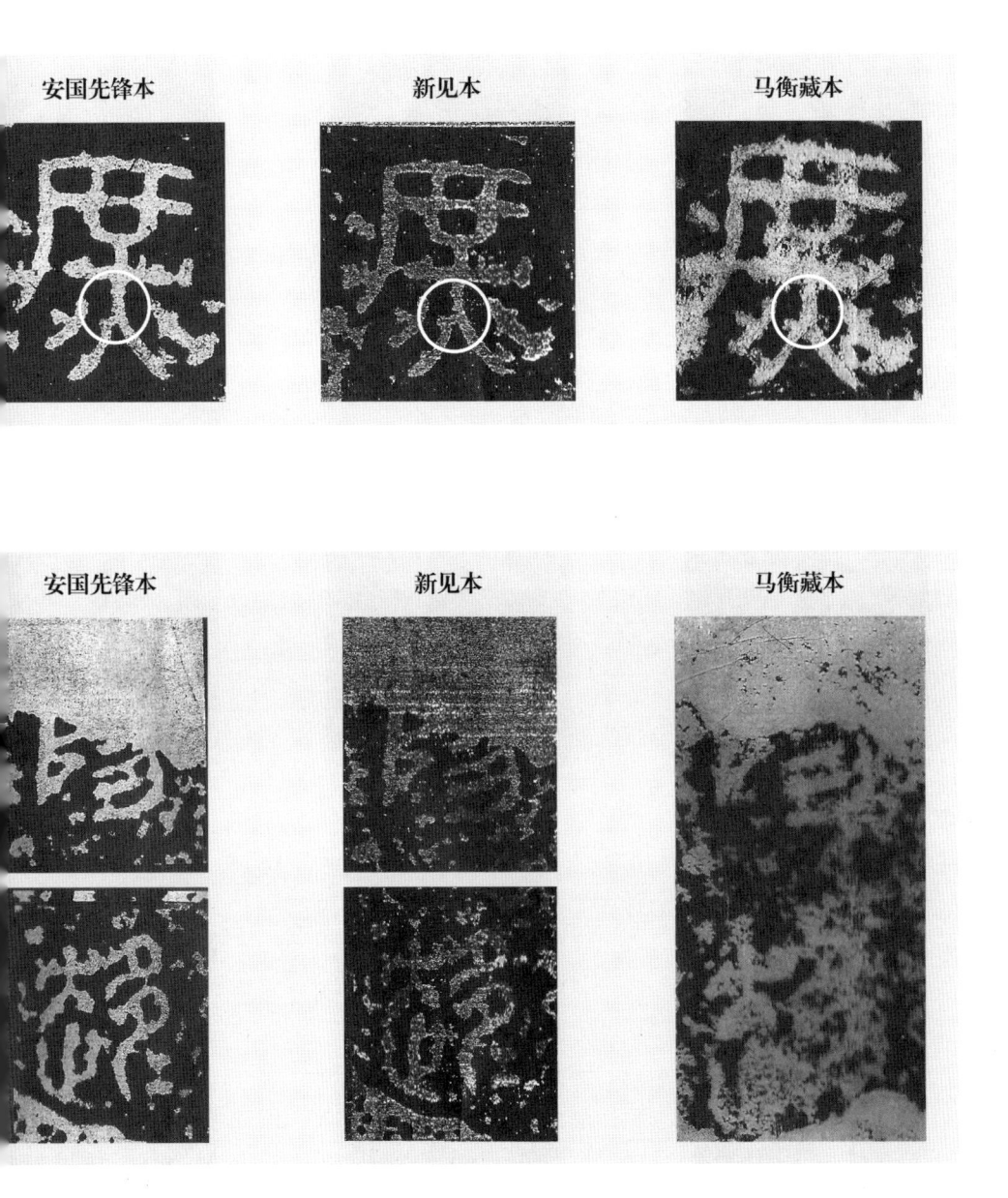

安国先锋本　　　　　　新见本　　　　　　马衡藏本

安国先锋本　　　　　　新见本　　　　　　马衡藏本

| 石鼓文研究新析

图 11-6

图 11-7

图 11-8

壹　明朝安国十鼓斋《石鼓文》之我见

安国先锋本　　　　　　新见本 　　　　　　马衡藏本

安国先锋本 　　　　　　新见本 　　　　　　马衡藏本

安国先锋本 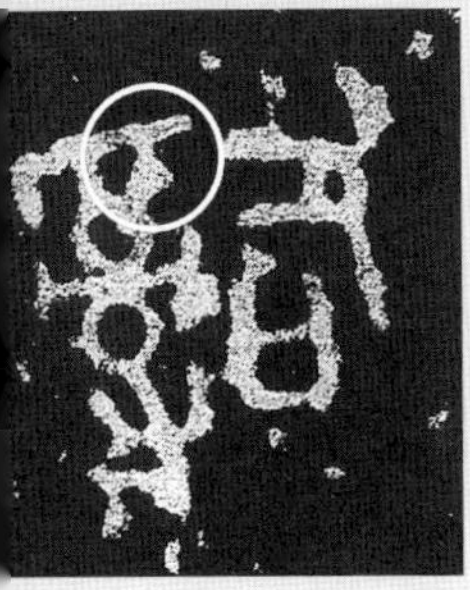　　　　　　新见本 　　　　　　马衡藏本

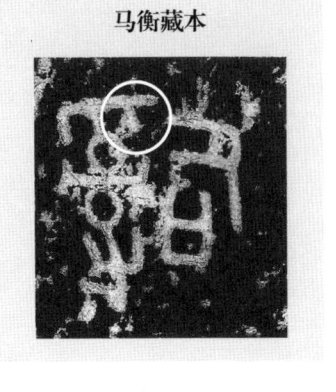

| 石鼓文研究新析

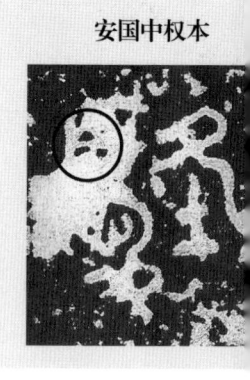

图 11-9

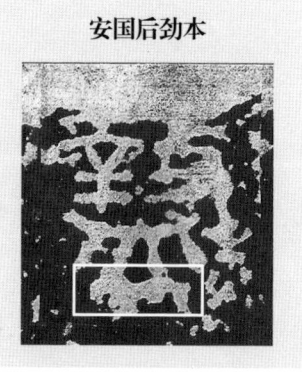

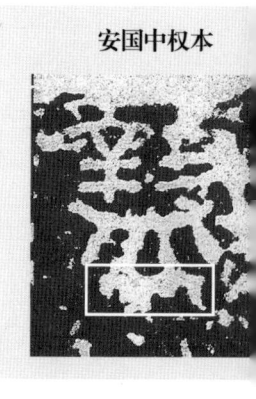

图 11-10

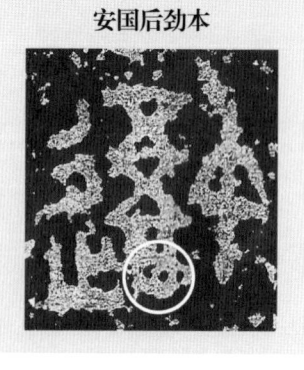

图 11-11

壹　明朝安国十鼓斋《石鼓文》之我见

安国先锋本　　　　　　新见本　　　　　　马衡藏本

安国先锋本　　　　　　新见本　　　　　　马衡藏本

安国先锋本　　　　　　新见本　　　　　　马衡藏本

| 石鼓文研究新析

陆润庠监拓本　　　　安国后劲本　　　　安国中权本

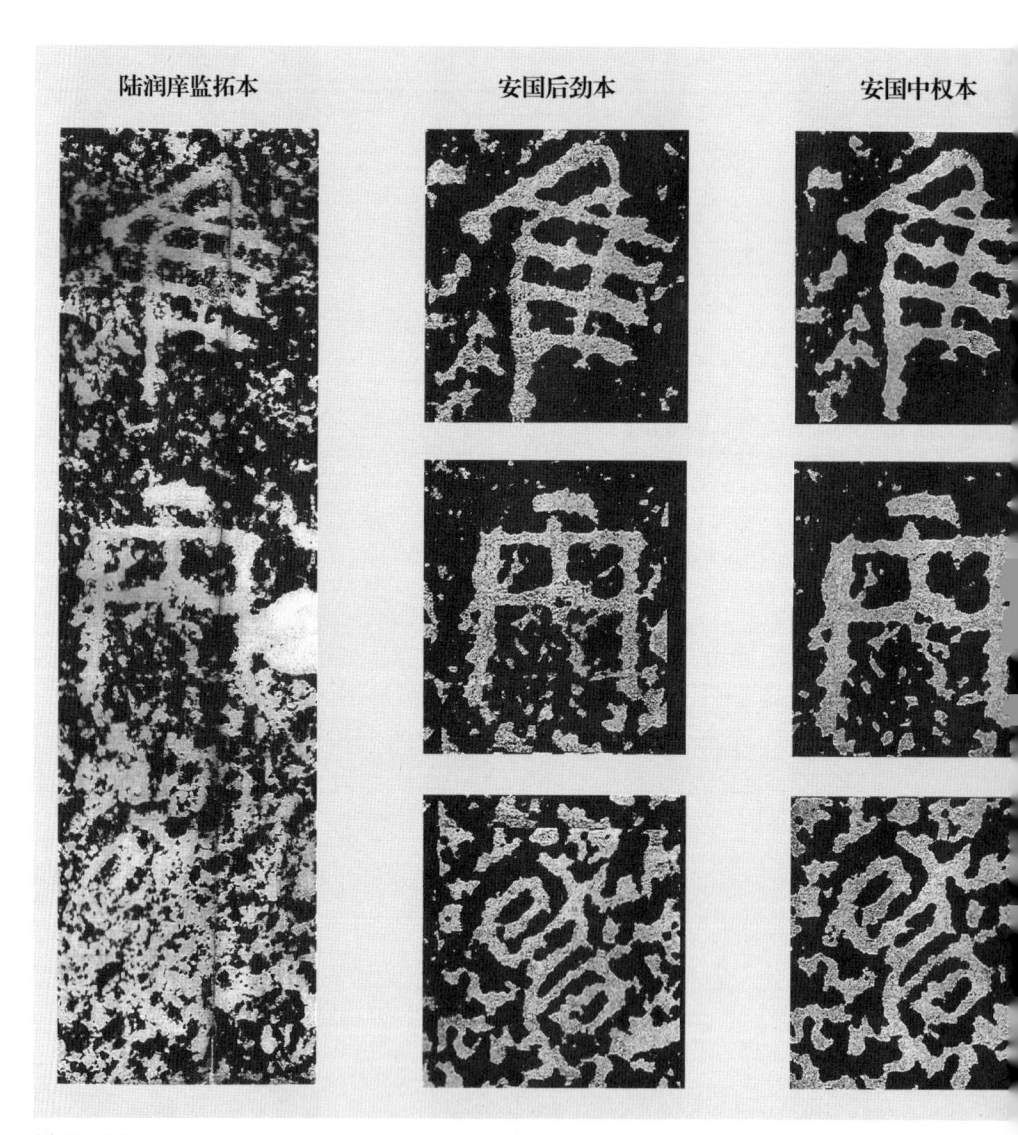

图11-12

壹　明朝安国十鼓斋《石鼓文》之我见

安国先锋本　　　　新见本　　　　　马衡藏本

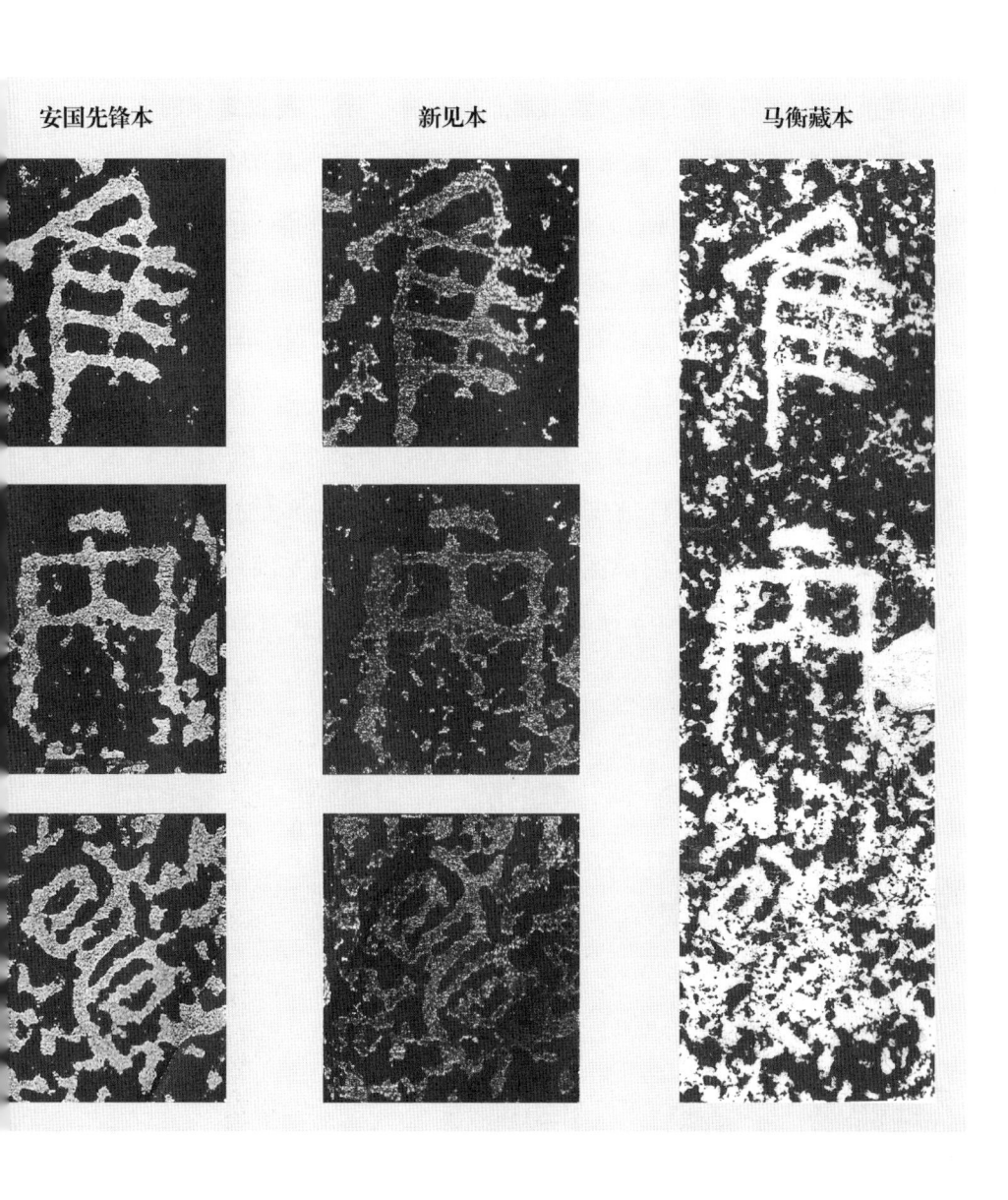

疑点二：收藏家印鉴不合

安国和华夏都是明朝嘉靖年间的大收藏家，二人收藏过的宋元书画现存世的亦很多，在这些公私收藏的书画中，有二人收藏印的亦不少。但十鼓斋《石鼓文》拓本中二人的收藏印，在二人存世公私收藏的书画中一方都没有出现过，这不能不使人怀疑十鼓斋《石鼓文》中二人收藏印的真实性。

安国在宋元书画中常见的收藏印如"明安国玩"（图12-1）、"大明锡山桂坡安国民太氏书画印"（图12-2）、"大明安国鉴定真迹"（图12-3），这三方印是从故宫博物院收藏的元赵孟《人骑图》卷中得；"桂坡安国鉴赏"（图12-4）亦是故宫博物院收藏的宋人团扇《枯树鸲鹆图》中得；"大明锡山安国珍藏"（图12-5）是从日本东京国立博物馆收藏的宋拓《定武兰亭》吴炳本

图12-1 　　图12-2 　　图12-3 　　图12-4 　　图12-5

图13-1 　　图13-2 　　图13-3

图14

图15

中得。

华夏的收藏印很少，仅三方："华夏"（图13-1）是上海博物馆收藏的元王蒙《青卞隐居图》中得，"真赏"（图13-2）是辽宁省博物馆收藏之唐张旭《古诗四帖》中得，"宜子孙"（图13-3）从上海博物馆收藏之明王宠《游包山诗》卷中得。再观十鼓斋《石鼓文》中安国之收藏印（图14）、华夏之收藏印（图15），其印章风格完全不同。

疑点三：题跋中的谬误

再从十鼓斋《石鼓文》册后的题跋看，前后题跋有矛盾，人物时间有谬误。

"中权本"后有元朝倪瓒观款一则："癸丑中秋观于耕渔轩。倪瓒。"（图16）其实这行款字是从倪瓒的一卷诗草尺牍中临摹出来的（图17）。该卷诗草尺牍在香港佳士得拍卖公司1995年4月曾经拍卖

图16　　　　图17

过，现藏在香港中文大学。

笔者偶然在网络上见到一篇文章，是侯勇在2019年5月22日发表的题为《倪瓒〈癸丑中秋跋〉考》，写的正是十鼓斋"中权本"后面的倪瓒跋。

笔者不认识侯勇，对未征得侯勇同意引用他的文章表示歉意。侯勇据《清閟阁全集》将倪瓒在癸丑中秋前后数天的日期作了排次，确定癸丑中秋当日倪瓒不在耕渔轩，而是在耕云轩。

侯勇文章指出："综合《清閟阁全集》诗集所载，癸丑中秋……倪瓒为王眆作《耕云图》并诗《画赠耕云》，亦有《宿王耕云山居》诗，夸赞王耕云的耕云山居并有诗《癸丑八月访耕云高士于西岩因写耕云轩图又为之诗》，八月十九日倪瓒有诗回顾中秋在耕云轩的场景。中秋夜月明胜常年，良夫（笔者注：徐良夫字耕渔）与景和携酒至耕云轩，酣饮及二更，乃就寝。"

以上是证实十鼓斋"中权本"倪瓒跋的地点"耕渔轩"不符合。

壹　明朝安国十鼓斋《石鼓文》之我见

另外在书法上侯勇亦做了研究比对，所有的材料与笔者前面所用的相同，现藏香港中文大学的诗草尺牍卷中之一。而且侯勇还把倪瓒跋的签款出处找了出来，是从现藏台北故宫博物院的《倪瓒跋唐人临右军真迹册》中来（图18），借此就可以知道"中权本"倪瓒跋的来源了。

图18

在"中权本"后安国篆书题跋有这样一段："……此本为张泾桥、顾翁翊周所藏，钦羡已久，未敢遽请。冰壑盛翁与顾氏有通家之谊，知余十鼓之集已得八九，且因其册后有倪云林先生题字，与余所得浦长源先生题本有师弟渊源，若得联合，亦艺林佳话，故不惜千金之诺为余和会焉，成人之美可感也……"（图19）

据《明人传记资料索引》一书载，盛颙，即安国跋中的"冰壑盛翁"，其生卒年为1418年至1492年，而安国的生卒年是1481年至1534年，盛冰壑卒时安国仅十二岁。安国在"中权本"中题跋时间是嘉靖甲午（1534），盛冰壑已逝去四十二年，如何再为安国"和会"此"中权本"？

"后劲本"后安国篆文题跋云："右周宣王石鼓文十，为往哲浦长源先生遗物，后裔宝藏，视同大训天球，非可货取。拓墨之精，存字之多，均出余旧藏各本之上，能否媲美韦韩所见本虽不可知，其为五百年前物则确然可信。若非贡本，焉得如此尽美尽善乎？余因爱之深，不觉求之切，客秋挽华舜臣会合，以寒字号良田五十亩易归，

图19

素愿获偿，割产奚惜……"（图20）册后亦有浦源楷书题跋，时间为"丙寅新秋东海生源记"。该页裱边有安国篆书注："丙寅为洪武十九年，正先生授舍人时也。"（图21）浦源（1344—1379），号东海生，江苏无锡人，举授晋府引礼舍人。工诗，与福建林鸿为诗友，号"十才子"。浦源尤善画山水，为倪瓒（1301—1374）弟子，明顾起纶《国雅品》中论其诗"词采秀润"。有《浦舍文集》。

浦源卒于1379年，即明朝洪武十二年，而"后劲本"浦源跋是丙

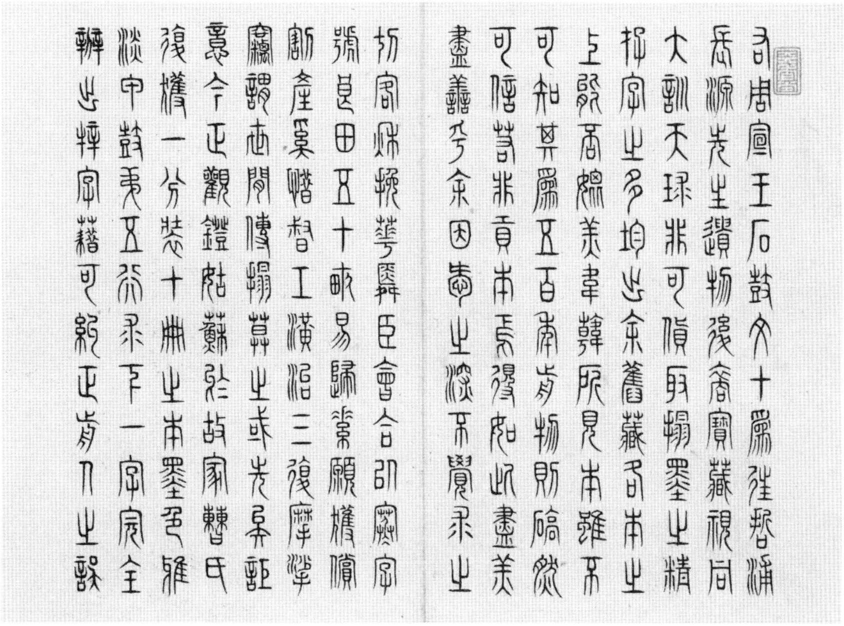

壹　明朝安国十鼓斋《石鼓文》之我见

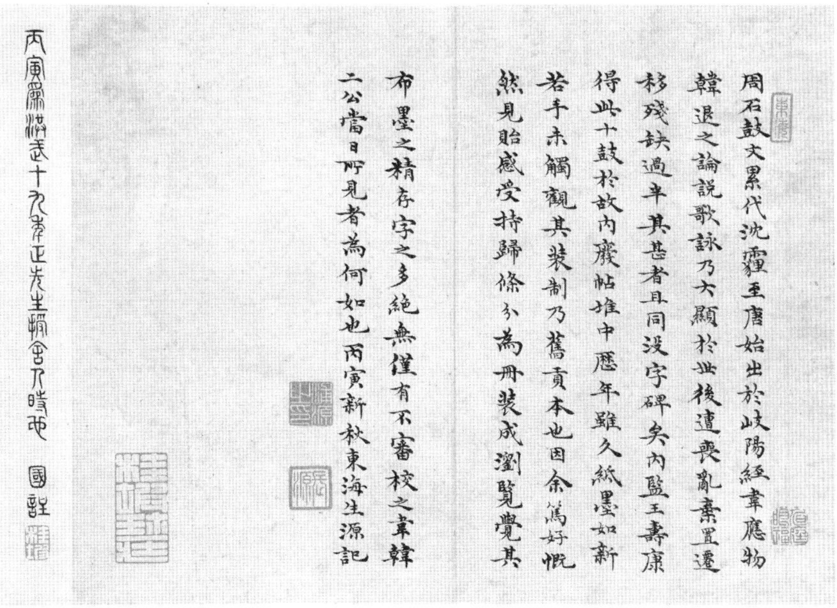

图20

图21

31

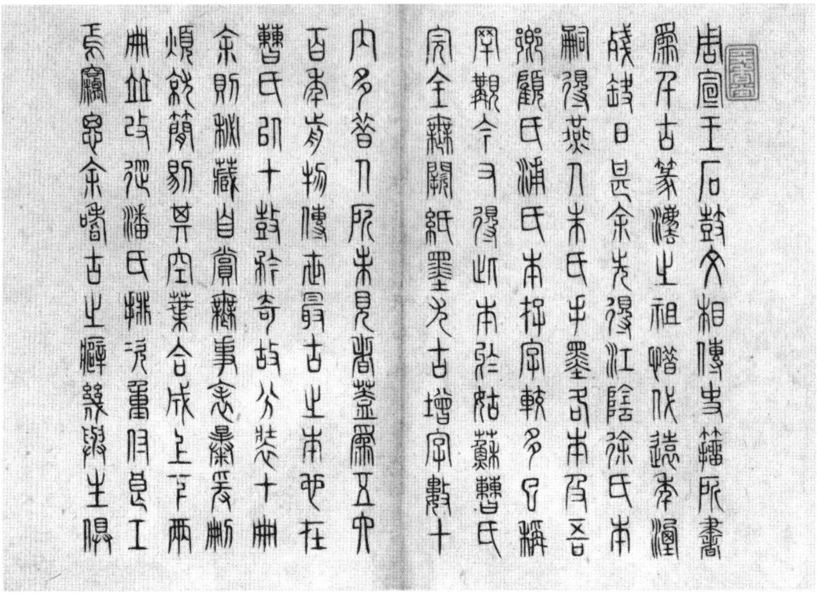

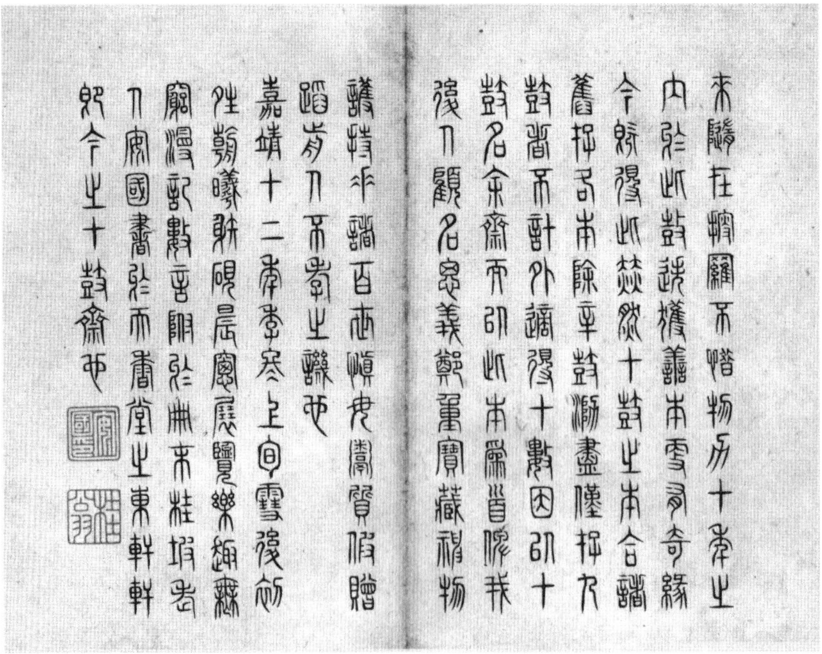

图22

寅年，若是前一个丙寅年是元朝泰定三年（1326）则浦源尚未生，若是下一个丙寅年是1386年（洪武十九年），则浦源已卒七年。故浦源此跋必伪无疑。

"先锋本"后有安国篆书跋云："……余先得江阴徐氏本，嗣得燕人朱氏手墨各本，及吾乡顾氏、浦氏本，存字较多已称罕觏，今又得此本于姑苏曹氏，完全无阙，纸墨尤古，增字数十，内多昔人所未见者，盖为五六百年前物，传世最古之本也……今既得此赫然十鼓之本，合诸旧存各本，除辛鼓泐尽仅存九鼓者不计外，适得十数，因以十鼓名余斋……"（图22）

在"先锋""中权"二本题跋中，都说"江阴徐氏本"是十鼓斋得之最早一本。可是"江阴徐氏本"并不是安国在"先锋本"跋中所说的"除辛鼓泐尽仅存九鼓不计外"本，而是辛鼓已泐尽之本。这在"朱才甫本"也就是赵叔孺题签本后面的安国行书题跋中亦可得见。此题跋安国是嘉靖癸巳（1533）八月五日，也就是在"先锋""中权"二本题跋之前的几个月写的："……江阴徐子扩曾惠予二百年前墨本，纸墨尚逊，其辛鼓虽有石痕，字形难辨……"（图23）这说明江阴徐氏本辛鼓已成无字之本，不能计入十鼓之数，前后题跋所说自相矛盾。

"先锋本"后安国有一行书跋："余素不习篆，自得宋郭忠恕篆体《千文》墨迹卷后，爱其笔法古雅，晨起日临数十字。迩每用以题签，从未书跋。今因此本为吾斋第一至宝，故不嫌烦苦，乘兴勉书。虽手僵目花，亦衰年乐事也。"（图24）据目前所知在十鼓斋的各册《石鼓文》及《泰山刻石》五十三字本和一百六十五字本中，安国共

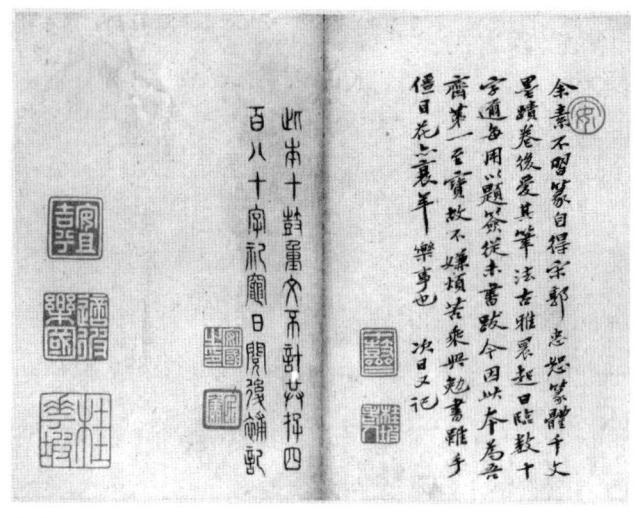

图23　　　　　图24

有十三次题跋，其中十次是用篆文题跋的，仅三次是用行书题跋，这和跋中所说篆文"每用以题签，从未书跋"自相矛盾。

综上所述，十鼓斋《石鼓文》拓本中翻刻的痕迹，安国、华夏二人收藏印在二人收藏其他书画中找不到相同的印鉴，以及册后倪瓒、浦源、安国等人的题跋多处出现矛盾和谬误，足以否定所谓明朝安国十鼓斋所收藏的《石鼓文》为宋拓本的真实性。

十鼓斋《石鼓文》的流传

有关十鼓斋《石鼓文》的流传情况，最早出现是在1935年中华书局出版的"后劲本"唐兰题跋中，说是道光年间安国后人拆售天香堂，于梁间所发现，旋即入邑人沈梧之手，遂流往东瀛。

吴湖帆在1937年3月5日的日记亦记载了十鼓斋《石鼓文》事：

壹 明朝安国十鼓斋《石鼓文》之我见

马叔平（衡）来为商谈故宫博物院出品古画全美会目录。……又谈及安桂坡所藏宋拓石鼓、金文十部……皆存于安氏祠堂扁额后，藏以铁柜，安氏后人不知，以屋辗转让人，至道光时为某人所获，旋全套押于吴江沈旭庭（梧，号古华山人）。写明永久勿没。沈梧初有《石鼓文》定本之著作，成于未押之前，乃得安氏本，后悔已成书，欲重改前作，未竟而卒。

唐兰和吴湖帆二人所说都在20世纪30年代，亦是十鼓斋《石鼓文》之"先锋""中权""后劲"三册都已出版的时候。二人所说虽略有不同，但都说为沈梧所得，在十鼓斋《石鼓文》拓本中亦见有沈梧的收藏印，所以沈梧也是一个关键的人物。那末究竟沈梧有没有收藏过这十鼓斋《石鼓文》？笔者亦作了一番探讨。

首先要了解沈梧。沈梧生于道光三年（1823），卒于光绪十三年（1887），一作沈吾，字旭庭，号古华山农，又号九龙山樵，无锡人。工诗词，善书法，精丹青，得力于顾、邹、华三师指授，名噪江浙。所作山水有士大夫气，无刻画痕。咸丰间游幕京师。撰有《蓉湖渔笛词》《石鼓文定本》《汉武梁祠画像考》等。

沈梧是晚清一位收藏家，收藏甚富。曾经其收藏之"明代名人尺牍墨宝"，后经周作人、潘博山、张珩等人收藏，现存故宫博物院。笔者亦曾见过其收藏的一些碑帖，是一位中等的收藏家。其对《石鼓文》确是很有研究，有专著《石鼓文析执》《岐阳石鼓地名考》《成周石鼓考》。《石鼓文定本》是他最晚年的著作，在他去世后三年即光绪十六年（1890）才刻成。所以前面吴湖帆在日记中说，沈梧得安国十鼓斋《石鼓文》是在《石鼓文定本》成书以后是不成立的。

其一，《石鼓文定本》的叙有云："……惜乎稼孙已矣，不及见余考证定本，相与共赏为之惘然。愚之于此一刻石（笔者注：《石鼓文》）回环胸臆卅年，以不得善本参校，因循中辍，今且老矣多病，力疾为之，以偿夙愿。然未敢以强辞曲说，贻笑博雅者也，即书以为叙。"

其二，在《石鼓文定本·凡例》中云："旧拓文字较多于近拓理固然也。然有宋拓模糊残泐而明拓可辨者，有旧拓所无近拓反有者，拓本优劣之故。是以孙巨源、薛尚功诸家同时著录，存佚不符。又以残泐仅存半体难辨之字，或收或不录故也。今以范氏宋拓合孙薛各本，及自藏明拓新旧二本参校，以彼所有补此所无，其传写舛讹或谬者更正。必审其万无差讹录之以成句读，抱残守阙共得五百廿七字，又巳鼓补缺四字。若升庵全本七百二字，刘姚各本凡六百五十余字，则未敢尽信取以沿滥入也。"

其三，同在《凡例》末又云："孙巨源于佛龛中得唐人录本四百九十七字，范钦天一阁北宋本四百六十二字，薛尚功所录四百五十一字，欧阳公《集古录》所见四百六十五字，赵夔所见四百十七字，胡世将《资古录》四百七十四字，赵古则云吾丘衍比《资古录》又加三字共四百七十七字，《庚子销夏记》云吾衍参考得四百三十余字，林侗所藏宋淳化间李戣摹本四百五十字，潘迪所见三百八十六字，刘梅国所收本四百九十四字，都穆又云所见宋拓本四百二十二字……"此处仅录沈梧在《凡例》中所罗列之宋本，并没有十鼓斋《石鼓文》。

从上述三处沈梧所说可知，沈梧是在晚年"老矣多病，力疾为之"完成《石鼓文定本》的，且"回环胸臆卅年，以不得善本参校"，以"自藏明拓新旧二本参校"。在《凡例》最后所罗列的《石鼓文》宋本中，亦没有所谓安国十鼓斋所藏的北宋拓《石鼓文》。所以沈梧曾经收藏过十鼓斋《石鼓文》这件事完全是子虚乌有的臆造。

再说《石鼓文定本》中沈梧提到过魏稼孙其人，与魏稼孙同时代的好友赵之谦、沈树镛、胡澍等人，以及清末民初的刘铁云、王懿荣、翁同龢、罗振玉等收藏碑帖的金石家，都没有一个人见过或提过所谓十鼓斋收藏的宋拓《石鼓文》和《泰山刻石》。民国初，十鼓斋所藏的宋拓《石鼓文》和宋拓《泰山刻石》突然从天而降，实在匪夷所思。

所谓十鼓斋收藏的碑帖出现不久，即售往日本为三井高坚氏听冰阁所得。据日本《三井文库别馆藏品图录——听冰阁旧藏碑拓名帖撰》一书，《泰山刻石》五十三字本，在日本大正八年（1919）就被三井氏听冰阁购入，也就是说在上海艺苑真赏社出版后第二年即售往日本。而《石鼓文》的"先锋本"和"中权本"亦在大正十年（1921）售往日本。郭沫若在20世纪30年代在日本见到的亦只是黑白的照片，没有见过原拓本。

当时对十鼓斋收藏碑帖的质疑

自"先锋""中权""后劲"三册《石鼓文》和《泰山刻石》出版以后，并非没有人怀疑过它们是翻刻本。前面说过1937年3月5日马

图 25-1　　　　　　　　图 25-2

衡到吴湖帆处，谈到安桂坡所藏宋拓《石鼓文》事，3月8日在吴湖帆日记中就有"购得中华书局出版之《石鼓》先茅本及艺苑真赏社出版之《石鼓》中权本二册，晚间与陈子清细勘，颇疑翻刻，前日马叔平之说，或马氏亦有受诒可能云"的记载。可是到了3月14日吴湖帆在日记中又说："在沈家（沈尹默）观宋拓《石鼓》照相本，即马叔平所云安桂坡旧藏之第一北宋本也。据照片，字口确较中华、艺苑所印者为佳，且有安氏篆书题跋甚多，盖安氏得于苏州曹氏，不知曹氏为何许人也。今照片一套计一千二百元巨，可谓骇然矣。"如此，吴湖帆当是被安国的篆书题跋所骗。

又容庚1935年2月在《燕京学报》第十七期中发表的《秦始皇刻石考》一文中有这样一段："安国本明安国旧藏，今由艺苑真赏社印行。合残泐之字计一百六十五字，视《秦篆谱》为多。取《绛帖》

本较之，其多于《绛帖》者，大抵皆半泐之字。惟'治道运行'之运字，'靡不清净'之净字独完整。其靡字作廡，《绛帖》本作靡，以《绛帖》本为胜……末有安国题跋，云：'桂坡再题。'则其第一跋或述明此本来历，为人割去。石花板滞，始皇颂与二世诏清晰相差，使为原拓本，宋痒江休复二人不当不见，其从《秦篆谱》出而非原石拓本则无可疑……"容庚从篆文结体和石花板滞两个方面怀疑此《泰山刻石》为翻刻本。

再者故宫博物院所藏明赵宧光藏本《石鼓文》有陶北溟题签和跋。签题有："近有安桂坡本则石纹无一合处，宋覆本耳。"（图25-1）跋云："……安桂坡本即杨升庵据之作《石鼓文音释》者，阮文达以为不可信，锡山非遐陬僻壤，安氏复藏弆世家，果有宋拓如许，乾嘉诸老不容无所闻见。今安本悉归东海，仅睹印本与《泰山刻石》，泐纹皆不甚自然，未观原拓，遂不免怀疑，不审忧患余生，尚有缘一寓目否耳？戊子（1948）四月。北溟。"（图25-2）

容庚、吴湖帆、陶北溟都是鉴定碑帖的内行，从石花的不自然已发现翻刻本的端倪。

十鼓斋《石鼓文》是伪造本

碑帖伪造的手法，除了翻刻原石外，还会对题跋进行移花接木，张冠李戴，以及对印章的作伪等。从前文所罗列的十鼓斋《石鼓文》之拓本翻刻的痕迹、题跋中的谬误和收藏印鉴的漏洞等可以清楚地断定，十鼓斋《石鼓文》是一件伪本无疑了。

| 石鼓文研究新析

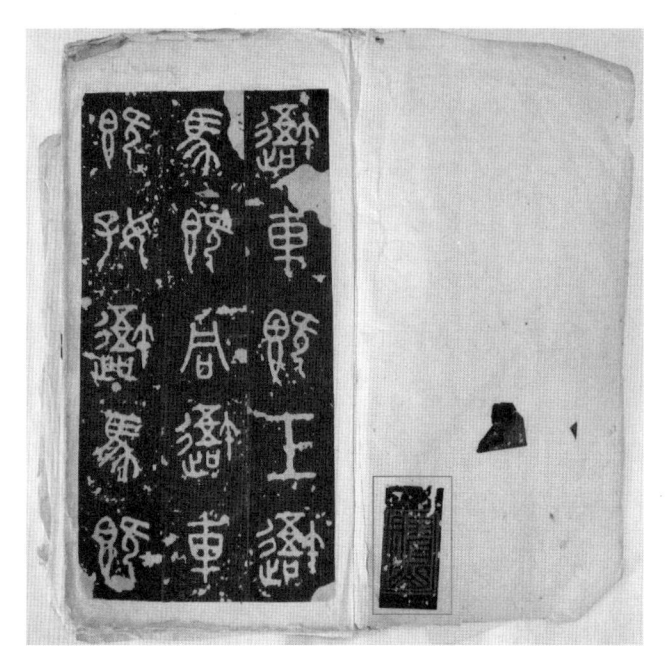

图 26-1

图 26-2

壹　明朝安国十鼓斋《石鼓文》之我见

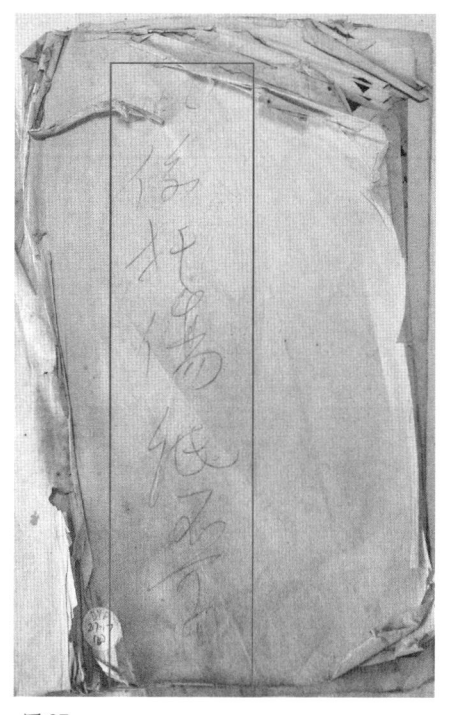

图27

图28

笔者在收集资料的过程中，还有一关键性的启发，使笔者恍然大悟，确定原来所谓的明朝收藏家安国"十鼓斋"所收藏的宋拓《石鼓文》的确是伪造本，这即是在当年朵云轩拍卖这册新见本十鼓斋《石鼓文》时，曾有人见该册未装裱的破旧原本上有"不可用"字样。于是沿着这条线索，找到当时尚未装裱的原册照片，发现在未装裱时册中有一方"胶山"印，当时此印是单独一纸的（图26-1），装裱后此印贴在第一鼓"吾车鼓"末"蜀"字的下部（图26-2）。同时在线装本的末页，确实找到了"此系托伤纸不可用"八字（图27）。一言惊醒梦中人。此册是作伪者伪造十鼓斋《石鼓文》时所废弃不用之本无疑。笔者之前对此册的种种疑问：为何此册没有安国的题跋、

41

图29

为何此册只印了七枚收藏印、为何此册安国不装裱、为何此册没有沈梧的收藏印等等，都因为知道了这是翻刻时所废弃不用之本而迎刃而解。

笔者还找到了两处所谓安国十鼓斋的收藏印，为作伪者随意加盖的例证。2011年7月，上海朵云轩拍卖公司从同一藏家处征得一册唐《契苾明碑》拍卖。该册碑帖拓本从纸墨情况看，最早亦不过清初拓，而册中有五枚安国十鼓斋的收藏印（图28），安国是明朝人，如何在清代拓本上钤印？上海藏家陈郁亦曾谈及购得一册旧拓《石鼓文》残本，并与民国该残本印刷本相校阅，印刷本后多印了三枚安国十鼓斋的收藏印（图29），而原拓本后面没有这三枚印章。

安国后人拆售祖屋在梁上发现十鼓斋《石鼓文》的故事，其实也并非新鲜事。早在唐朝张彦远的《法书要录》卷三中，就有《唐何延之兰亭记》一文，载有当年萧翼赚《兰亭》即有"梁上藏宝"的故事。唐太宗酷爱王羲之书法，《兰亭序》为王书第一，知在智永和尚徒辨才处，恨不能得。后派大臣萧翼去，萧翼见辨才和尚不谈《兰亭》，只谈书画，日渐混熟，一日论及《兰亭》，辨才"自于屋梁上槛内出之"，看完之后"更不复安于梁槛上"。一日萧翼知道辨才和尚出门，于是往寺诳说遗留帛巾于辨才房中，入室取得王羲之《兰亭序》而归。作伪者利用类似故事引人入胜，只为增加十鼓斋《石鼓文》的传奇性而已。

　　在十鼓斋《石鼓文》安国的题跋中，笔者指出了多处矛盾和谬误，有三种可能出现这样的情况：第一种是伪造者学识有限，顾此失彼，以致谬误；第二种是伪造者故意留出破绽；第三种是伪造者"游戏人间"，故意留出破绽，暗中提示，若观者不能识出破绽，则应自负责任，不得怪罪伪造者。至于此作伪者于三种之中属于第几种就不得而知了。

　　鉴于在十鼓斋《石鼓文》拓本中找出多处翻刻本的特征，安国与华夏收藏印鉴与真本多不合，题跋中又出现种种谬误，再从收藏过程中亦否定关键人物沈梧收藏过此本，以上种种迹象可以确定，所谓明朝安国十鼓斋收藏的宋拓《石鼓文》其实是一件伪造品。同时笔者亦怀疑安国并无所谓"十鼓斋"和"天香堂"的存在。

　　笔者曾经想过为何当初十鼓斋《石鼓文》出现时，郭沫若、马衡、唐兰、沈尹默等名家没有怀疑其真实性，后来笔者设身处地地想,亦觉当时的情况难辨。当时除了赵叔孺可能见过原石拓本外,其他没有一人见过原拓,且即流往日本。当年艺苑真赏社出版"中权本"时只印了倪瓒的观款,中华书局出版的"先锋本"都没有印题跋,直到郭沫若的《石鼓文研究》一书出版才见所有的题跋。20世纪90年代日本二玄社出版了"原色法帖"才见全本真面貌。数十年来安国十鼓斋《石鼓文》在《石鼓文》拓本中第一的地位已成定局,若非这次新见本的出现,若非朵云轩余氏的启发,笔者亦不会做进一步的研究。

余论

最后笔者还有一个疑问一直没有解决。作伪者是如何伪造此十鼓斋《石鼓文》的。当年笔者初见此新出本十鼓斋《石鼓文》时,最大的疑问是拓本不见"字口"。但若是翻刻本的话,不论其底本的材质是石、是木、是泥,其拓本拓墨的过程、拓墨的方法,和原石的拓本是相同的,因此翻刻本的拓本同样可以有"字口"。又若是印刷品的话,民国初年时最先进印制碑帖的方法是珂罗版,但珂罗版印刷印本表面总有一层薄薄透明的墨晕,而亲眼目睹此新出本十鼓斋《石鼓文》并无这层薄薄透明的墨晕。不过笔者仍倾向此是印刷品。

如何伪造十鼓斋《石鼓文》的疑问一直困扰着笔者,时不时萦绕于心中,耿耿于怀。然而世上的事变幻莫测,有峰回路转的时候。说起来也神奇,一日突然想起20世纪60年代在上海朵云轩任职时,曾经收到过一册北魏《张黑女墓志》印刷本,册后有曾熙题跋,称此是尹公和白所制的"墨晒本"。当时王壮弘和笔者见此本都十分惊讶，壮弘兄说此墨色可当明拓本，只是印本没有"字口"。记得笔者曾经将曾熙的题跋抄录一过，而且当时随同"墨晒本"一起来的还有四页《张黑女墓志》"墨晒本"的残页，为笔者所保存，于是翻箱倒匣，终于在旧笔记中找到抄录曾熙的题跋和四页《张黑女墓志》的"墨晒本"（图30）。现将曾熙的题跋抄录于此："道州家藏《张黑女志》，海内孤本也。太仓陆师（笔者注：陆增祥）视学我省，欲向棠孙观察借观，（笔者注：何维棣，何绍基之孙，何维朴之弟。）棠乞和白尹公为影本瞧之，海内因得观此。尹公素明化学，以药晒不过年即行消减，欲易石印，又以石印虽能持久，精神不能完固。因悟墨晒之法，纸用夹宣，能历千年，不改其浓厚者，如宋拓本，清淡者又类蝉翼。熙前得浓本藏之，今复得淡本，朝夕览玩，神采尚胜原物。此志得道州而题其流传，海内传之永远，盖尹公之功也。甲辰（1904）秋九月朔衡阳曾熙。"

尹和白原名尹金阳，生于道光十五年（1835），卒于1919年，湖南湘潭人，字和白，又字和佰，号光老人。擅画梅花。杨度推崇尹和白的梅花"以吾国画史论，画梅仍推扬补之独步，尹则扬后一人而已"。1907年，四十五岁的齐白石拜访七十四岁的尹和白，向他学习宋人扬补之双钩画梅之古法。曾国藩两江开府时拓为幕府。又据《曾纪芬（曾国藩女）年谱》载，尹君曾在文正公署中作客，惠敏公（曾纪泽）曾与研求绘事。另外尹和白是杨度弟弟杨均的外父（岳父），尹和白去世后杨均为其撰书墓志铭。

郑逸梅在《艺林散叶续编》中有载："瞿蜕园（瞿兑之）能画，

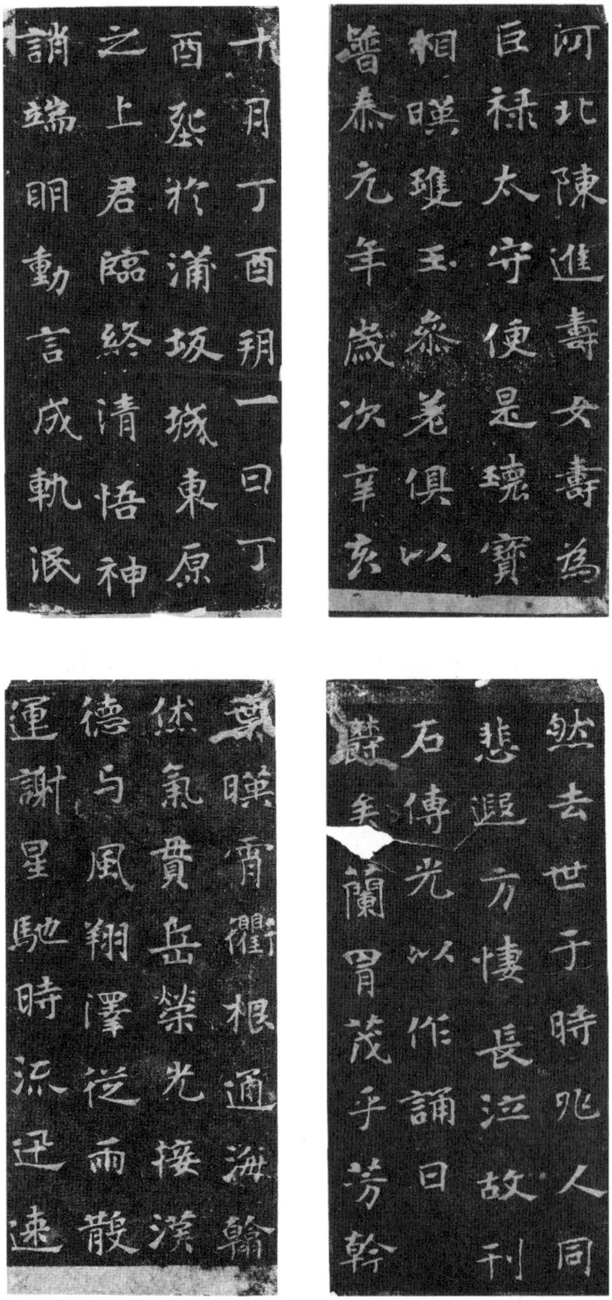

石鼓文研究新析

十月丁酉朔一日丁
酉奠於蒲坂城東原
之上君臨終清悟神
誚端明動言成軌泯

河北陳進壽女壽為
巨祿太守便是瓌寶
相暎瑰玉叅羙俱以
普泰元年歲次辛亥

粟暎霄衢根通海翰
佚氣貫岳榮光接漢
德与風翔澤從雨散
運謝星馳時流迅速

欻去世于時兇人同
悲遇方悽長汪故刊
石傳光以作誦曰
懿美蘭冑茂子芳幹

图30

由湘人尹和白启迪之，尹擅摄影，为国人先导，蜕园有纪和白老人云，方期寄江南督府时得西人摄影术，湘人解者莫先于老人。尝见其手制何蝯叟所藏《张黑女墓志》印本，其时上海各书局之铜版册皆未行世也。"

又笔者曾见一端方收藏原临川李氏唐褚遂良《孟法师碑》石印本，册面有张之洞、翁闿运、张伯英三人题识。张伯英题曰："匋斋藏《张玄志》，湖南尹和白制，精美有如宋拓，一切印本不之及，予重值获之。宇儿往年携存江宁，乱后不可问。此亦匋斋物，印本多有张王题字，不易得也，览此，更忆我《玄志》。戊寅（1938）仲春。伯英。""又题《玄志》去岁已寄回，一快也。己卯（1939）春。"

曾熙和张伯英均为碑帖鉴赏收藏界中之屈指可数者，见尹和白以墨晒法印制之《张黑女墓志》均称为"有如宋拓"，而且张伯英是以重值获之，后其题识中"览此，更忆我《玄志》"（张黑女即张玄），又认为"一切印本不之及"。张氏题识是戊寅（1938），其时国内印制碑帖的各种方法已经成熟，尚且推崇如许，说明此"墨晒法"印刷有其独到之处。

存世以"墨晒法"印制碑帖目前所知仅《张黑女墓志》，上海朵云轩及张伯英收藏之两本现不知在何处，幸有笔者所存四页残本尚能窥见"庐山真面目"。四页中两页是墨色浓厚者，有如宋拓《怀仁集王羲之圣教序》，两页是墨色略淡者，则有如刻帖中之明拓本。此"墨晒本"最为难得的是非但墨色无透明墨晕，而且能觉有墨气。

尹和白以"墨晒法"复制《张黑女墓志》的时间是在晚清光绪后期，十鼓斋《石鼓文》出现的时间是在民国初期，两者之间从时间上来看非常接近。

最后笔者试想还原此十鼓斋《石鼓文》伪造的过程。首先从拓本中见到其所刻文字笔道的谬误和石泐造成石花的不自然，说明此是一翻刻本。翻刻本能补齐《石鼓文》宋拓本所需的文字，但翻刻本施拓不可能有宋拓本的墨色，然后以"墨晒法"调整墨色弥补墨色上的不足，再以伪收藏印、伪题跋、伪收藏者，构筑成一件完美的伪造品。

笔者乃一退休人士，年届耄耋，蜗居海外，不揣翦陋，斗胆撰文否定百年来公认《石鼓文》之圭臬，不胜惶恐。若有不足之处，还望有识之士指正。文中摘取了陈荣清、侯勇等先生的文章，笔者在此表示歉意，同时亦表谢意！又上海图书馆仲威先生帮助查找资料，冯蒨女士帮助整理图片，亦一并致谢！

贰　目前所知《石鼓文》存世最早拓本

前文笔者对所谓明朝安国十鼓斋收藏的宋拓《石鼓文》进行了仔细的研究，结论是所谓十鼓斋《石鼓文》根本就不是什么宋拓本，而是一件伪造本。

本文所要探讨的是，目前所知《石鼓文》存世拓本，最早的是哪一本？

自从宁波范氏天一阁所藏北宋拓存四百六十一字本在道光年间经战乱毁佚后，《石鼓文》再无宋拓本存世。近百年来《石鼓文》拓本之最，已被所谓的安国十鼓斋《石鼓文》"先锋本""中权本""后劲本"所涎。

《石鼓文》拓本之"小天籁阁项源本"

2017年末中央电视台举办"国家宝藏"节目，介绍了《石鼓文》的千年沧桑，再度引起国人对《石鼓文》的兴趣。2018年宁波天一阁举办了《石鼓文》展览，全国各地对《石鼓文》有研究的专家学者相聚天一阁展开了为期三天的研讨会，上海书画出版社还出版了展览图录《石鼓墨影——明清以来〈石鼓文〉善拓及名家临作捃存》一书。2019年2月上海图书馆又举办了"星彩斑斓·石鼓齐鸣——《石鼓文》善本新春大展"，亦由上海书画出版社出版了展览图录《石鼓汇观》

图1 　　　　　　图2 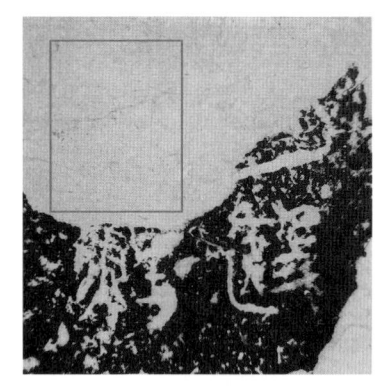　　　　　　　　图3

一书。

  两次展览从全国各地博物馆、图书馆和私人等处商借展览的《石鼓文》共有三十多种，其中不乏明拓善本，第二鼓"汧殹鼓"之"黄帛"二字不损本就有五本。五本之中又以上海博物馆的"小天籁阁项源藏本"（图1）为最早，第二鼓"汧殹鼓"第二行首"鳗"字尚存左边"鱼"部（图2），其他各本"鳗"字均泐（图3）。

"徐坊本"早于"小天籁阁项源本"

  可是《石鼓文》明拓本中历来都以"徐坊本"为最早，存世的《石鼓文》拓本中"徐坊本"很有名（图4）。张彦生、王壮弘二人书中都提到"徐坊本"。该本后徐坊有一题跋，将来龙去脉交代得十分清楚，此处摘录部分题跋："光绪丙申（1896）、丁酉（1897）间，坊从黄县王圣村常玒得此剪裱本宋拓《石鼓文》，福山王廉生（王懿荣）祭酒诧为稀世之珍。戊戌（1898）夏，坊奉母还山，鼎彝

贰　目前所知《石鼓文》存世最早拓本

图籍悉留都下。庚子（1900）之变，大半佚亡，此册其一也。岁丙午（1906），重官京朝，知此册为吾友沈盦侍郎（宝熙）所得，命工连缀成巨册，复还十碣之旧，出以显示，惊诧欢抃，不翅良友之重逢也……坊别有未剪卷子本《石鼓文》，先公以五十金得于广西，天籁阁（项元汴）故物也。第二鼓首行'汧'，次行'鳗'两字已泐，余与此本纤悉共同……惜亦于庚子失去，闻今为丹徒刘氏（刘铁云）所得，不可复见矣……宣统辛亥（1911）。"

从上跋中可知"徐坊本"在庚子之乱以后归宝熙所得，故有人亦称该本为"宝熙本"。宝熙在嘉兴博物馆收藏的《石鼓文》张叔未本中有这样一段题跋："……庚子乱拳后，余得'汧'字完好本（即"徐坊本"），刘铁云得一'卷'子本，'汧'字尚存大半为天籁

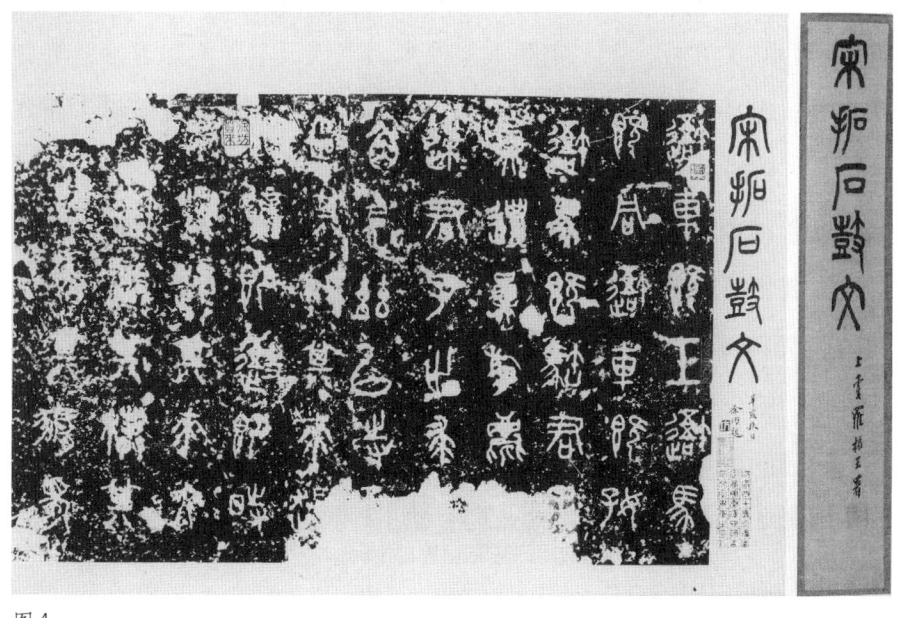

图4

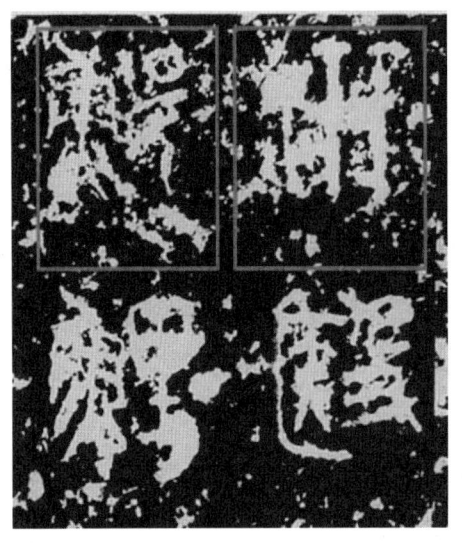

| 石鼓文研究新析

图 5-1　　　　　　　　　　　图 5-2

故物，皆希见品。余本数年前以之易米，铁云所藏亦不知归谁氏……癸亥（1923）五月。""宝熙本"换米，"铁云本"不知下落，笔者所知宝熙本是在日本大正十年（1921）为日本三井高坚氏所得，而刘铁云之天籁阁本，后归日本中村不折书道博物馆收藏。

近年国内搜集出版博物馆、图书馆收藏之《石鼓文》明拓本，以上海博物馆收藏之"小天籁阁项源藏本"为最早。但以"徐坊本"与"小天籁阁项源藏本"相比较：第二鼓"汧殹鼓"第一行第一字"汧"，第二行第一字"鳗"字右"晏"部，"徐坊本"均完好（图5-1），而"小天籁阁项源本"此二处均已损泐（图5-2）。故"徐坊本"拓墨早于"小天籁阁项源本"无疑。

"安思远本"又早于"徐坊本"

1993年，广西师范大学出版了马子云、施安昌所著《碑帖鉴定》一书，在《石鼓文》叙说中有这样一段："最近见到香港寄居之上海某君藏八鼓存'氐'字者一本。"此本即是1992年12月笔者经手在纽约佳士得拍卖公司拍卖的香港群玉斋主人李启严先生收藏之本。李先生是生活在香港的广东新会人，并非上海人，1984年去世。李先生是一位中国书法、碑帖收藏大家，仅举其收藏的几件藏品就足以傲世：唐陆柬之《兰亭诗卷》、宋白玉蟾《草书尺牍卷》、宋拓《淳化阁帖》第四卷孤本、宋拓《群玉堂怀素草书千字文》孤本、元明间拓《石鼓文》等。

该册《石鼓文》拍卖后为美国纽约一位古董经纪人及收藏家安思远所得，所以后来称其为安思远本《石鼓文》。以"安思远本"和"徐坊本"（沿旧说）相比较，则"安思远本"又胜"徐坊本"一筹。

"安思远本"（下称"安本"）第二鼓"汧殹鼓"第五、第六两行首二字"黄帛""鯾其"四字间，完好无损（图6-1），"徐坊本"（下称"徐本"）"鯾"字"鱼"部右点及"帛"下之"巾"部已泐（图6-2）。

关于此处"黄帛""鯾其"四字间"安本"完好无损，笔者多年的好朋友日本伊藤滋先生曾经有文章怀疑此处是填墨所为，其依据是安国十鼓斋《石鼓文》此处已有似黄豆大小损泐的石花（图7-1）。然而现已证实所谓安国十鼓斋的宋拓《石鼓文》是伪造本，所以不能

| 石鼓文研究新析

图 6-1 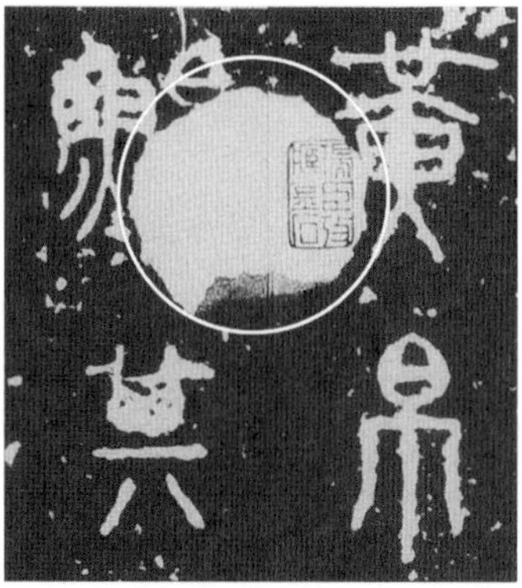   图 6-2

图 7-1    图 7-2

图 7-3

贰　目前所知《石鼓文》存世最早拓本

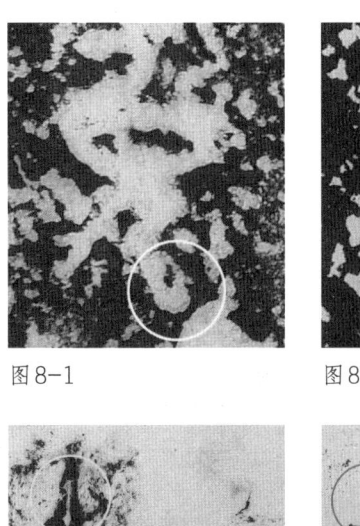

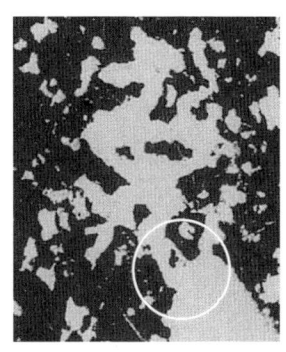

图8-1　　　　　图8-2

图9-1　　　　　图9-2

用伪造本作为依据，相反此四字间在元明年间的拓本尚且完好无损，更能反证所谓十鼓斋《石鼓文》的宋拓本此四字间已损泐的谬误。又此"黄帛""鯀其"四字间，笔者尚找到两处说明在《石鼓文》宋拓本中完好无损的依据。明朝嘉靖年间顾从义曾经以宋拓《石鼓文》为本，刻过一方"石鼓砚"，此砚中上述四字亦是完好无损（图7-2）。另外明朝宁波范氏天一阁所藏的北宋拓《石鼓文》虽已被毁佚，但在未毁前的嘉庆二年，阮元曾经以此本为祖本翻刻过《石鼓文》，此四字间亦是完好无损（图7-3）。该两种都是忠实于原作的翻刻本，说明《石鼓文》第二鼓"汧殴鼓"之"黄帛""鯀其"四字间，非但宋朝

| 石鼓文研究新析

图10-1

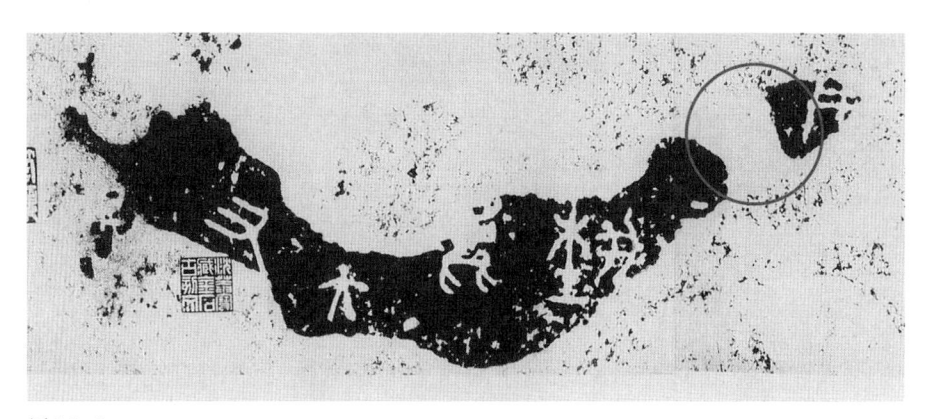

图10-2

完好无损，元明间亦完好无损，到明初才开始损泐。笔者经手此"安本"时是1992年，时隔二十余年的2018年"安本"在北京嘉德拍卖前，特前往再次仔细鉴阅，此四字间确实无任何填墨痕迹。

　　第四鼓"銮车鼓"末行"允"字末笔，"安本"未与下部石泐相连（图8-1），"徐本"已与石泐相连（图8-2）。

　　第七鼓"而师鼓"第六行"来"字上"肝"字，"安本"仅损"干"部上横画（图9-1），"徐本"之"肝"字全泐不见（图

| 56

9-2）；又第八行"天子"之"天"字上面，"安本"能见一竖笔（图9-1），"徐本"已不见笔画（图9-2）。

第十鼓"吴人鼓"中"安本"存"用大埶鹿大又"一弧形石（图10-1），"徐本"在"用埶"二字间石已断，且"大"字撇捺二笔正在断裂处，不能见（图10-2）。

"安思远本"是目前存世最早之《石鼓文》拓本

"徐本"自晚清以来一直都被定为众多明拓《石鼓文》中最早之本，从上述"安本"与"徐本"之比较，明显"安本"较"徐本"损泐少，故"安本"拓墨早于"徐本"无疑。在碑帖拓本鉴定中所谓的宋拓、明拓、清初拓、乾隆拓等等，其实是没有绝对时间标准的，只是一个概述，其依据是前人经验的积聚，约定成俗。碑字完整的应该较残损的拓墨时间早。有鉴于此，笔者认为"安思远本"《石鼓文》可定为元明之间拓本。

在"安本"《石鼓文》中还有一个问题必须澄清，即其第八鼓"马荐鼓"尚存一"敃"字（图11-1）。据元朝潘迪刻《石鼓文音训》上载，第八鼓尚存一"敃"字（图11-2），该碑刻在元世祖忽必烈至元己卯（1279），这年也是南宋末代皇帝赵昺祥兴二年。故通常又称《石鼓文》第八鼓尚存一字者为南宋拓本。初时笔者见"安本"第八鼓有"敃"亦以为是南宋拓本，但后来仔细鉴别研究认为此"敃"有问题。"安本"是整纸拓本，九鼓拓墨均干爽清晰，按理此第八鼓亦应是整纸拓中间存"敃"字。但此本仅将"敃"字剪出，而

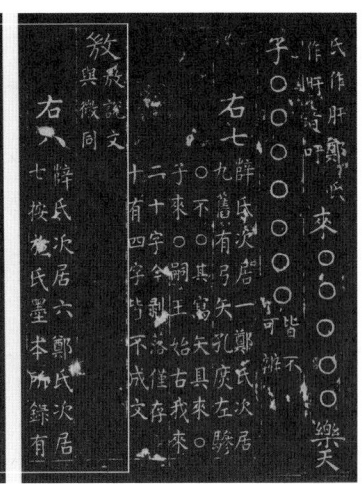

图11-1　　　图11-2

图11-3

且拓本有涂墨，拓墨方法与其他九鼓不同，再仔细观察此"敨"字有"彳"部，而据《石鼓文音训》载此字应是"敨"没有"彳"部。后来笔者从《石鼓文》拓本第六鼓"作原鼓"中第五行第一字，见有一"敨"字，经对比，此"敨"字与"安本"第八鼓之"敨"字，笔道完全一致（图11-3）。"安本"之"敨"字其来源真相大白。

此"安本"《石鼓文》明朝书画家陈元素在扉页题有"岐阳石鼓"四字（图12），乾隆年间为张埙收藏，翁方纲在册后作《石鼓歌》长跋，上款瘦同先生应是张埙。乾隆辛丑（1781）潘奕隽见时是

贰　目前所知《石鼓文》存世最早拓本

图12

在江君艮庭（江声）处，然后归杨寿门，杨氏过后由子惕甫继藏，其时嘉庆丁卯（1807）潘奕隽曾从杨氏借观月余。道光年间为吴兴姚紫垣所得，册中钤有"广平""汉鼎宝藏"即其收藏印。吴大澂在咸丰十一年（1861）二月二十七日日记中载："夜饭后，与居停步至姚紫垣骨董店，坐谈良久而归。"知姚紫垣是一位古董业者。同治癸亥（1863）此册已归吴云。而后百余年默默无闻，不知所踪，直至20世纪末为香港群玉斋主人李启严收藏，1992年笔者从李氏收藏中发现此册，才又显于世。

《石鼓文》最早拓本之桂冠，自咸丰年间宁波范氏天一阁本被毁以后，近百年来已被所谓的安国十鼓斋《石鼓文》鸠占鹊巢，其实此"安思远本"才是真龙，再未有发现更早的《石鼓文》拓本。世上的事情万物总是在不断变幻，不断更替。现在再称此本为"安思远本"已经不合时宜了，因为物主已更新。笔者认为以所见最早收藏者命名比较合适，此册扉页有明朝著名书画家陈元素题首"岐阳石鼓"四字，故称为"陈元素本"或"陈元素题首本"不会过时，有如故宫博物院藏的"孙克弘本""赵宧光本"等。

附图

《石鼓文》陈元素本

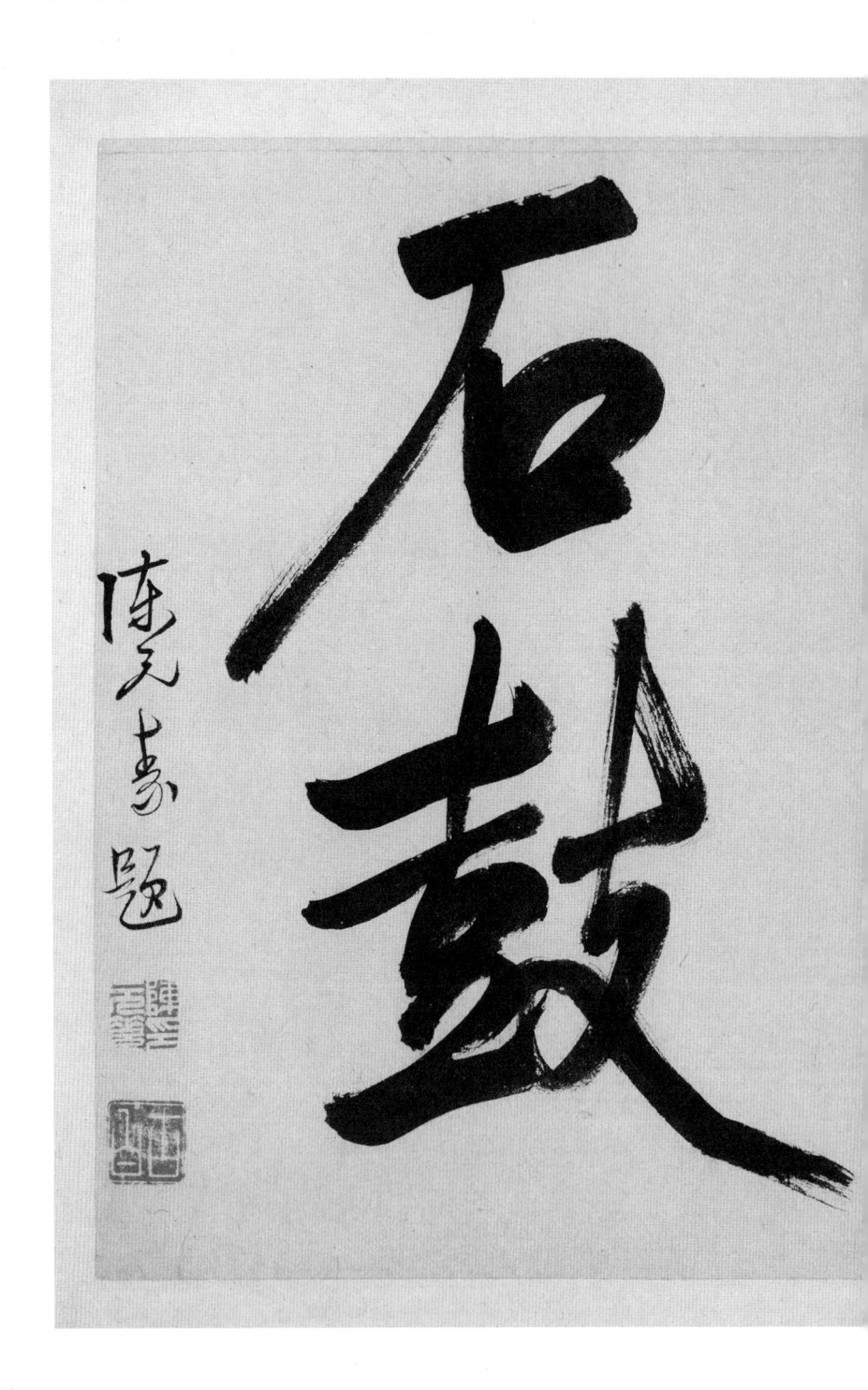

| 石鼓文研究新析

《石鼓文》陈元素本

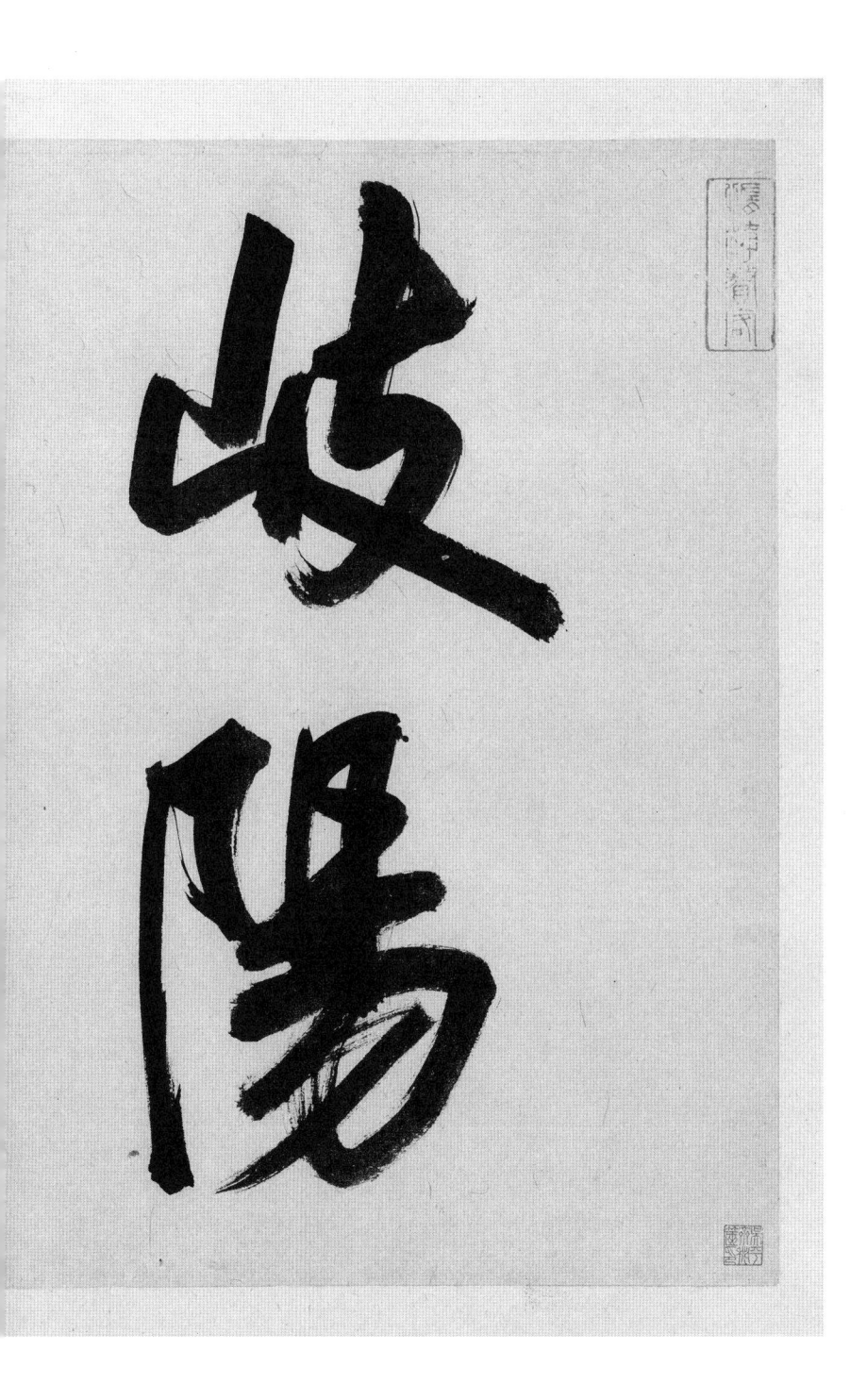

岐陽

| 石鼓文研究新析

《石鼓文》陈元素本

| 石鼓文研究新析

《石鼓文》陈元素本

石鼓文研究新析

《石鼓文》陈元素本

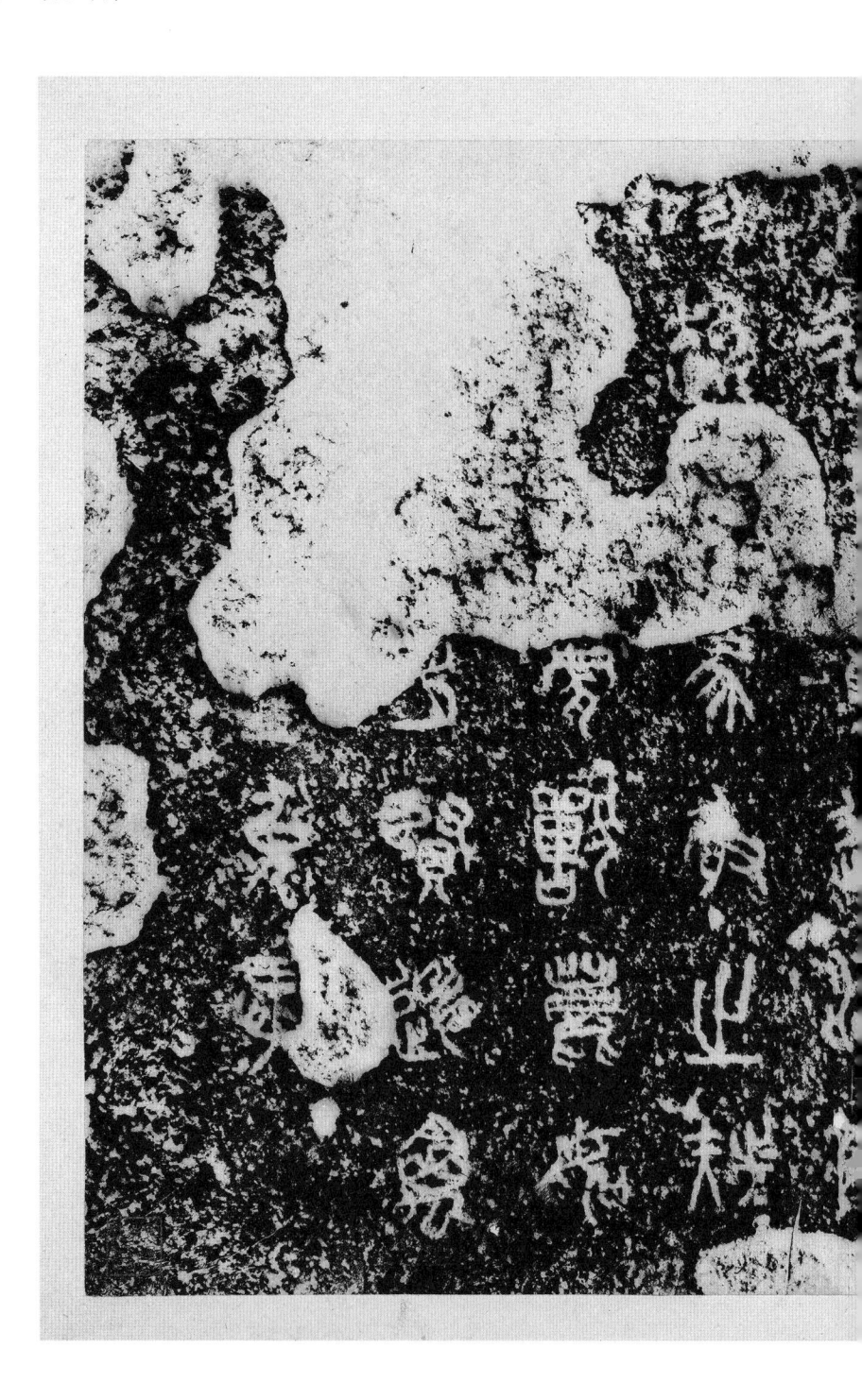

石鼓文研究新析

《石鼓文》陈元素本

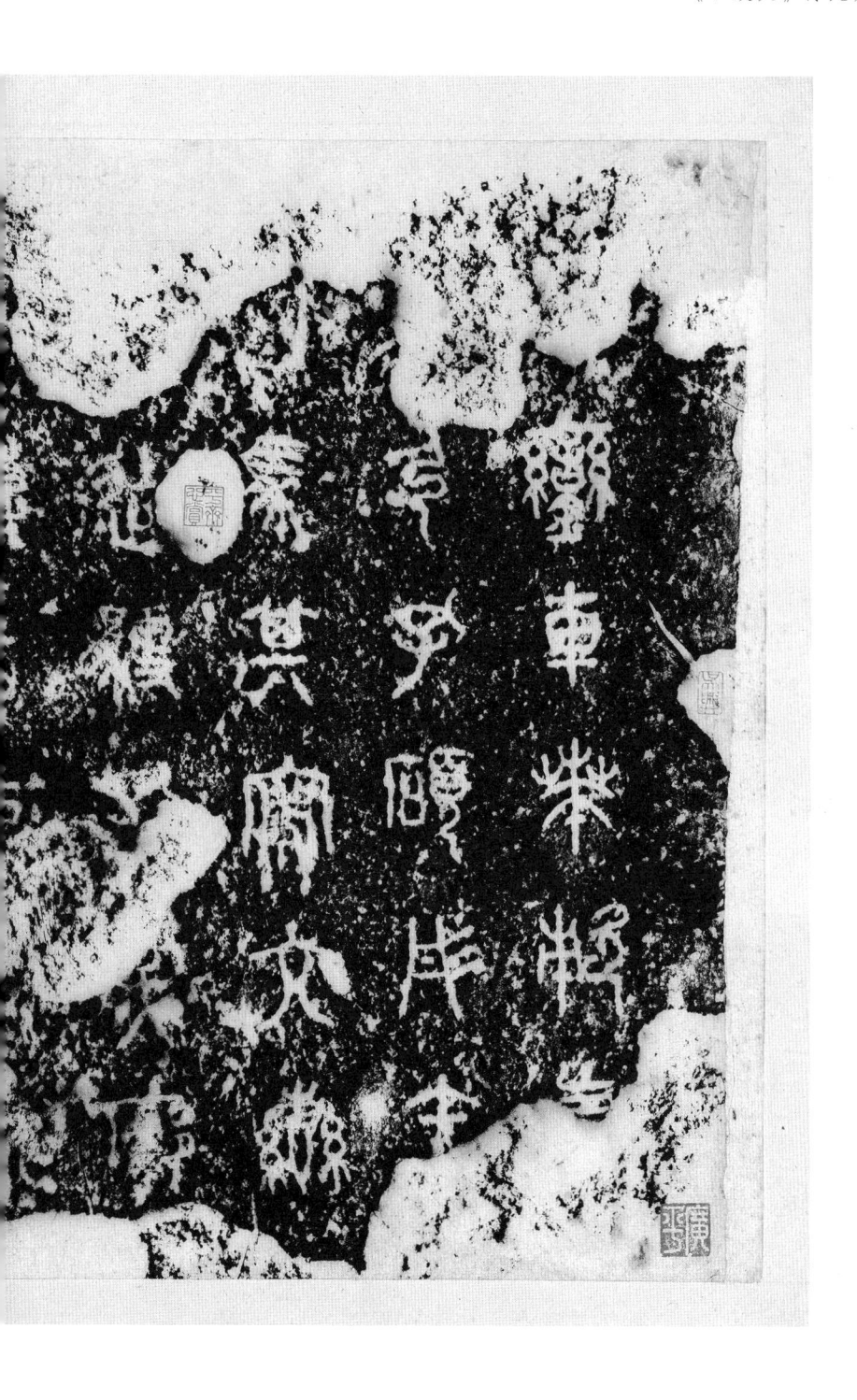

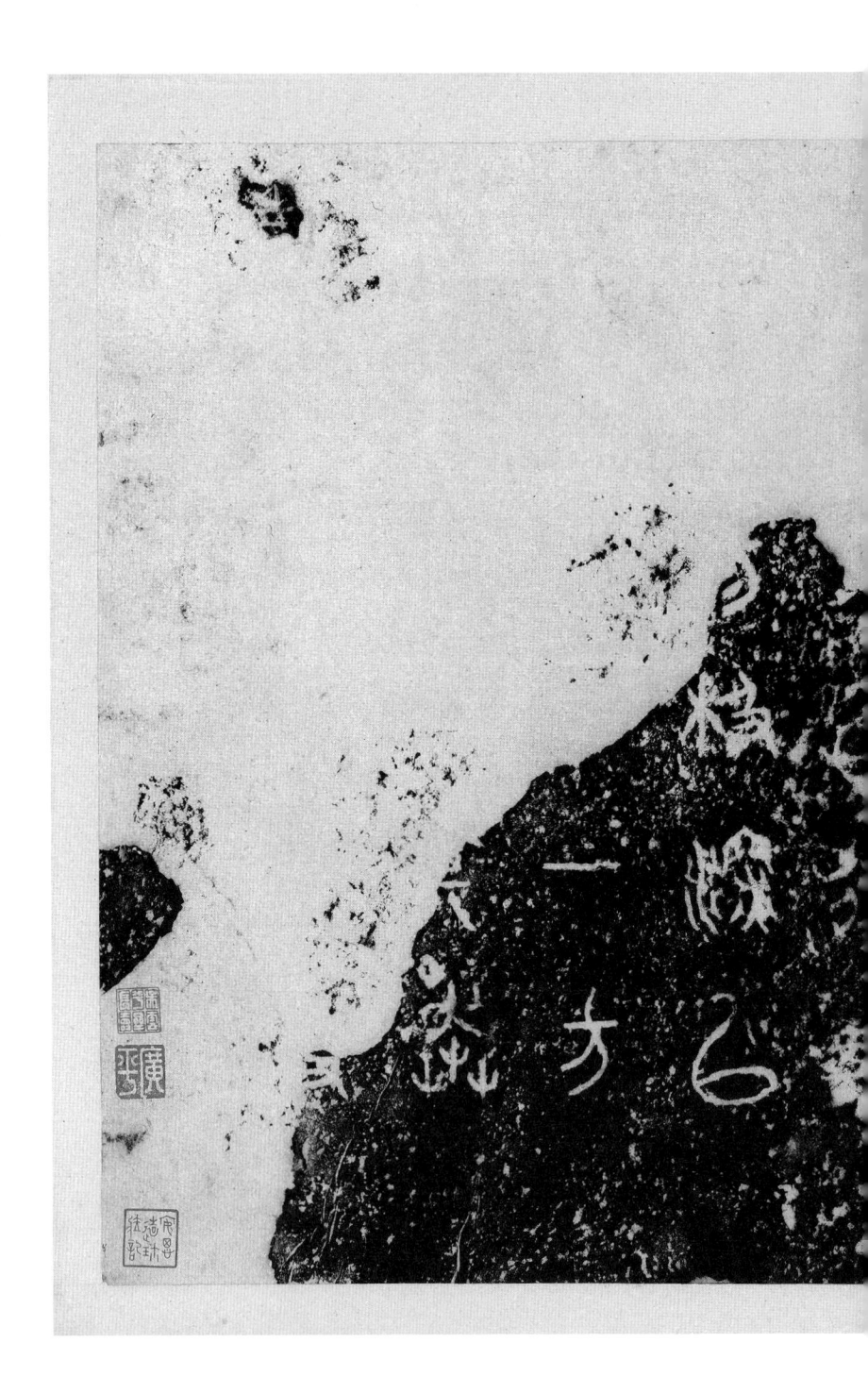

石鼓文研究新析

《石鼓文》陈元素本

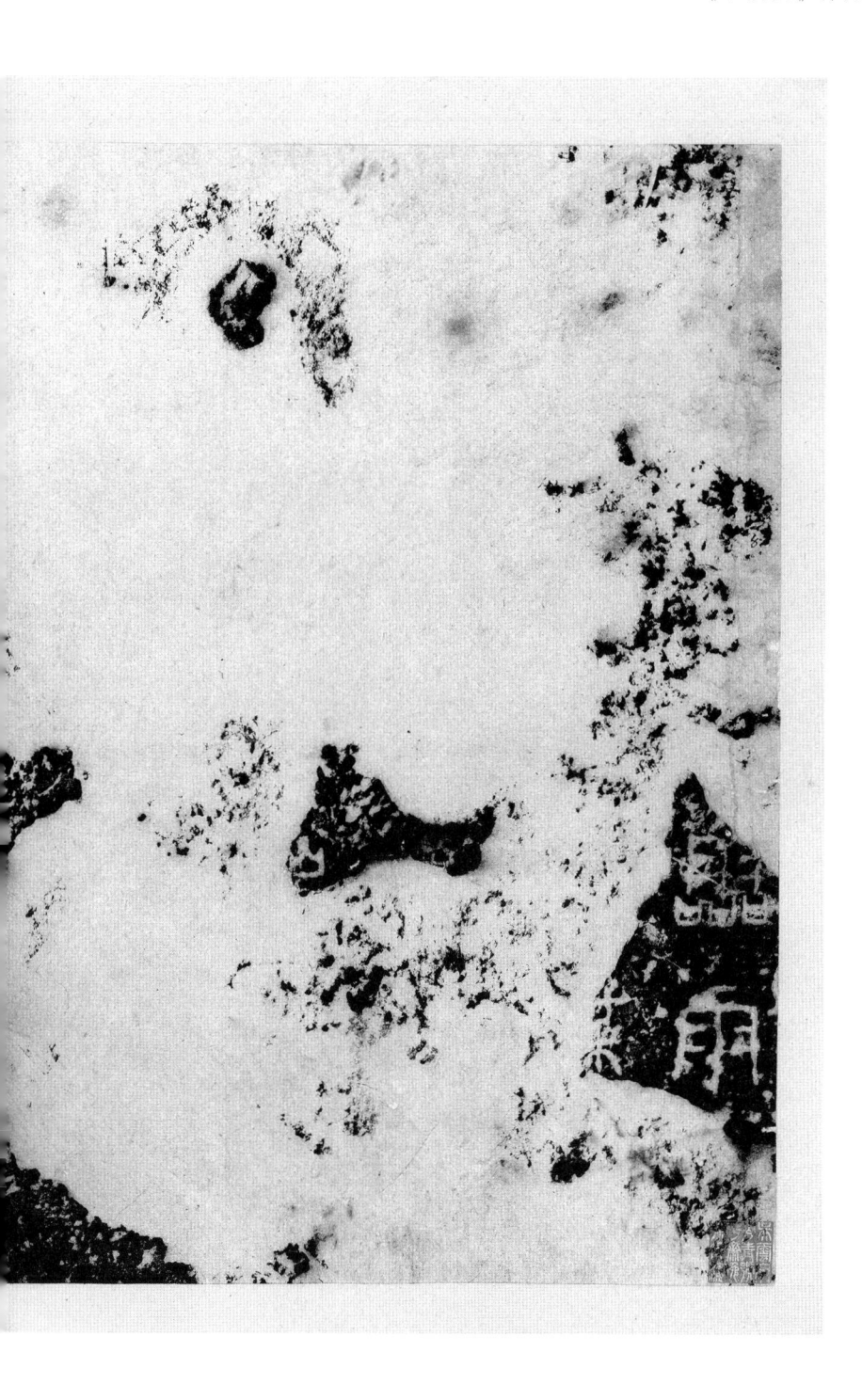

石鼓文研究新析

《石鼓文》陈元素本

庚午重阳节晴晓清窗阅此古拓欣然取旧纸临写觉腕底行毁增瘦劲之气

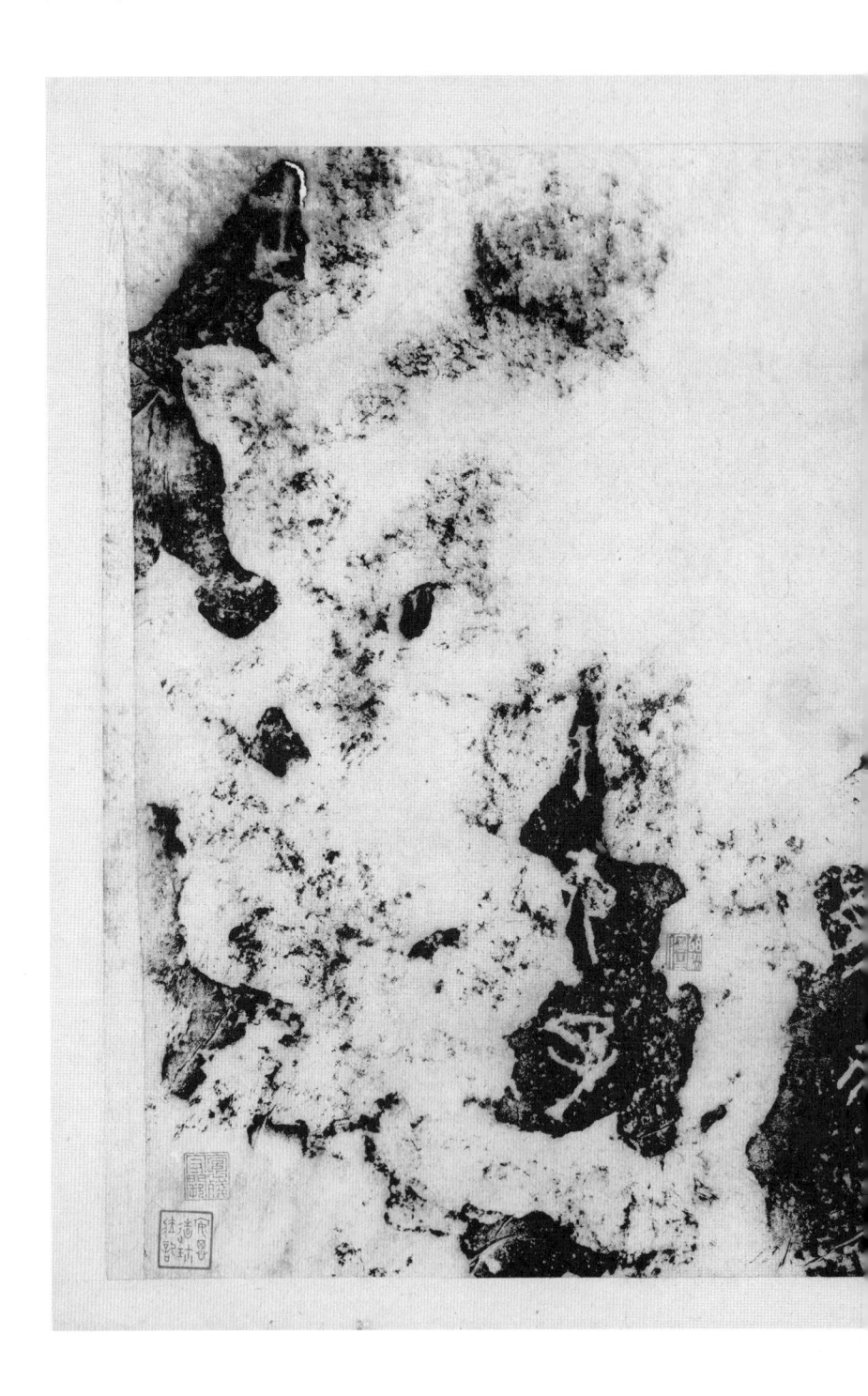

| 石鼓文研究新析

《石鼓文》陈元素本

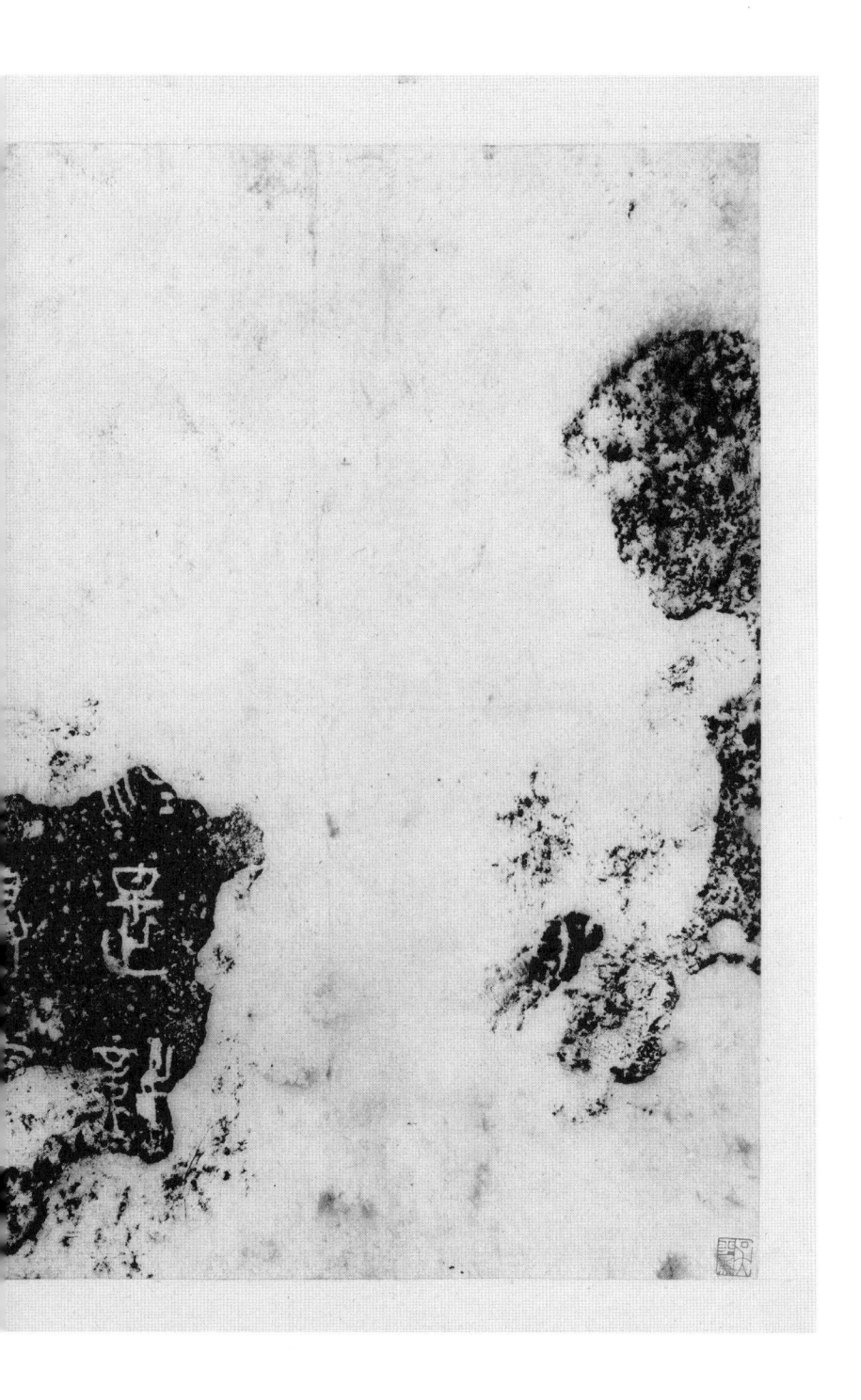

| 石鼓文研究新析

《石鼓文》陈元素本

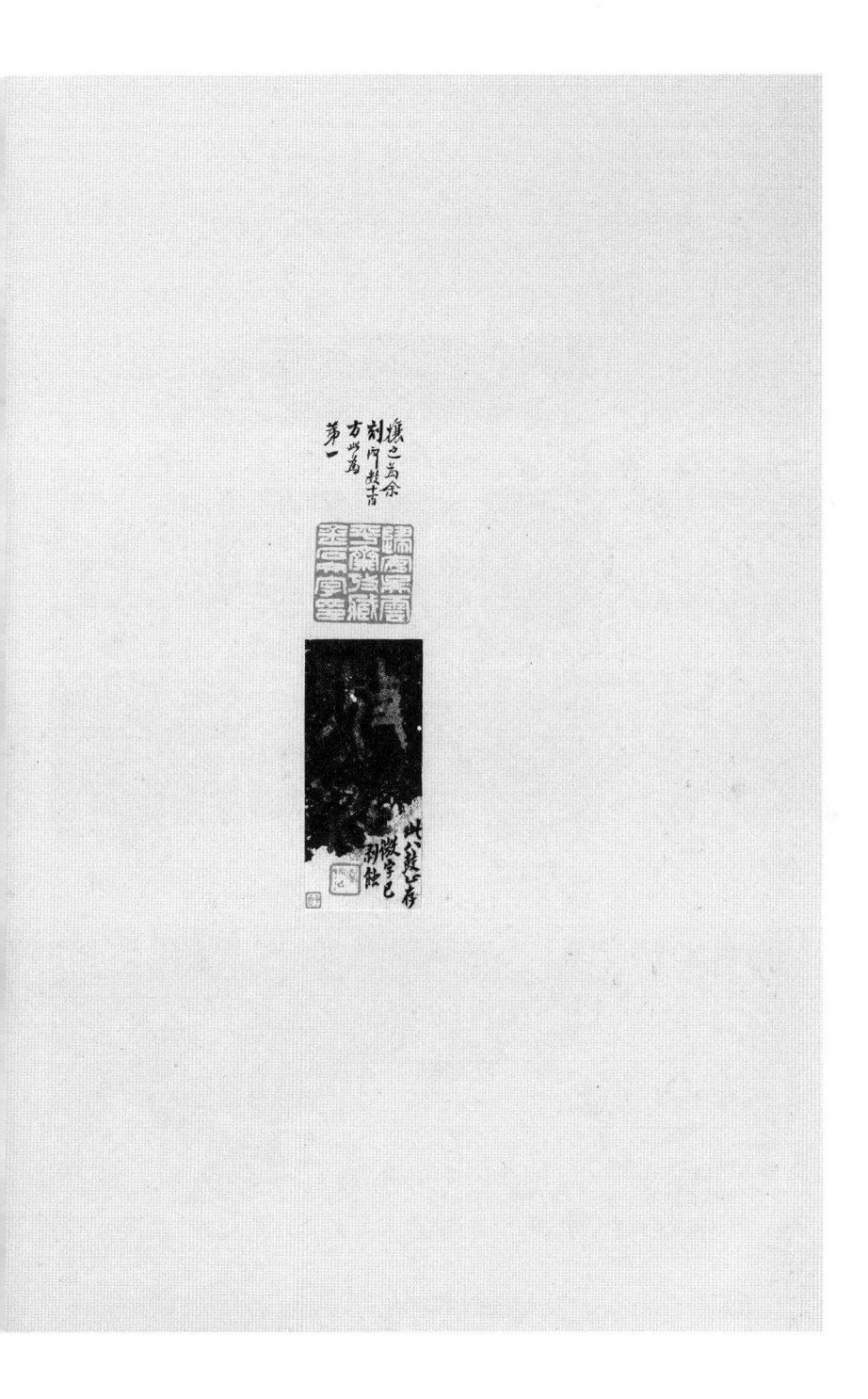

撰之为余
剔有鼓吉
方兴为
第一

此八鼓止存
一散字已
剥蚀

石鼓文研究新析

《石鼓文》陈元素本

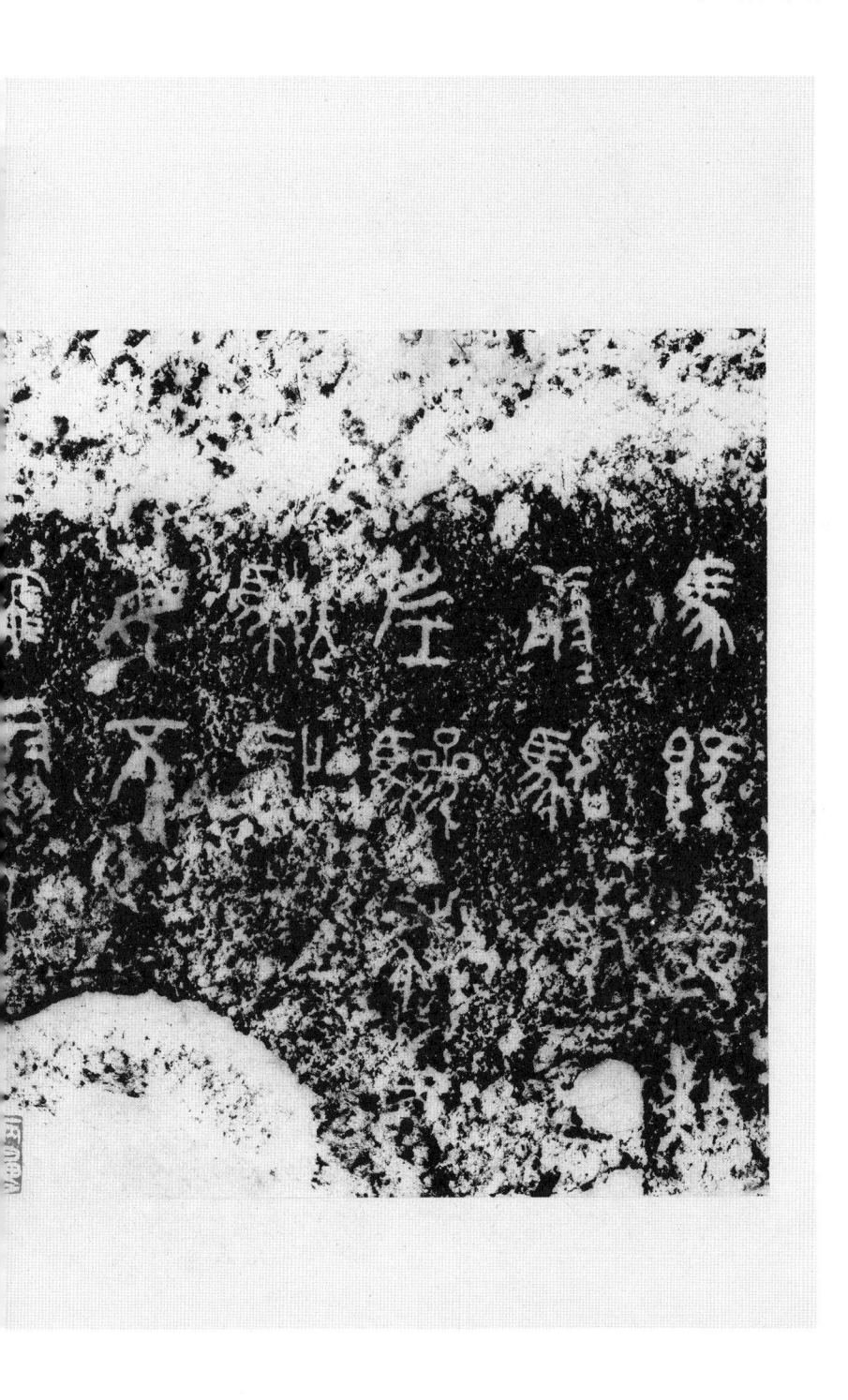

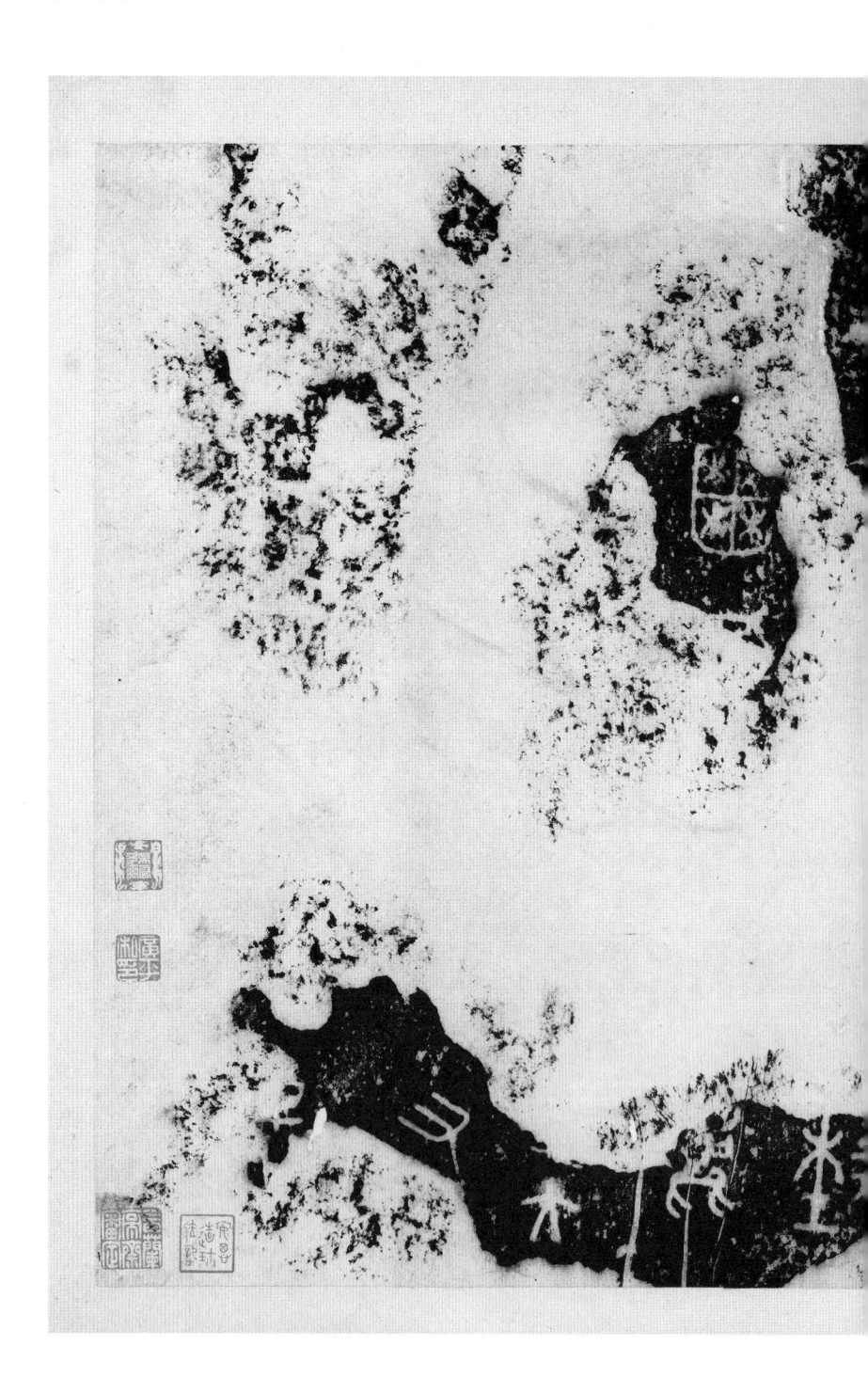

| 石鼓文研究新析

《石鼓文》陈元素本

二篆歐其文儀並二雅編
王內史書師寅早馬定國
評謂不傳異哉或雖周
印證昨秋我箸有與全
近日著吉野全謝山嘗祖焉
空國沿用說于嘗作文翰之
癸戌名逢信反以古說為拘牽
前揭治俊顧

《石鼓文》陈元素本

石鼓歌

平生梦想韩苏篇上台北
光中天不知韩公何所觉为想
少陵与谪仙贱子弱龄早释
褐摩挲此已三十年然
但许垩陛地磨敌诩骨扪

石鼓文研究新析

側如鼓圓已鼓作凹字完好
庚辛二鼓掀倒頗圓六七
尺高三尺参差潤狹非齊肩
深山大野氣磊落渾金璞
玉珠琪雙河圖洛書座人如
龜文鳥跡毛稜鳳凰

《石鼓文》陈元素本

俊代儒生教海空何傷日月
輪高縣朱十作亦不識字
誤信楊薛諸家窆滋陽
牛氏作圖釋文執今本訛
相沿安得衆說出一實西廊
向曉聽誦經回進諸生

石鼓文研究新析

《石鼓文》陈元素本

一羽辞一首珠貝睠足龍鮸從古文奇字大小篆民将倉頡相後先今也一依許慎恰佳嗚𠮙凡於九千窈矣渾以奇固異乎彼雲雷銖石於三十年中數零物換山已數戲月遷後

欬息槐影縹緲瑠璃甌

瘦同先生三兄祕檢正之

覃溪弟廣艸卌東

鼓當濡素拓陰款承上二聯言
欽須周器十事也一室籀史金史謂孔子寫六經用古文
不用籀書是也於下文古今第一寶刻柱句何耶且金
石史如何室塗疑不能朋矣道州何紹基

《石鼓文》陈元素本

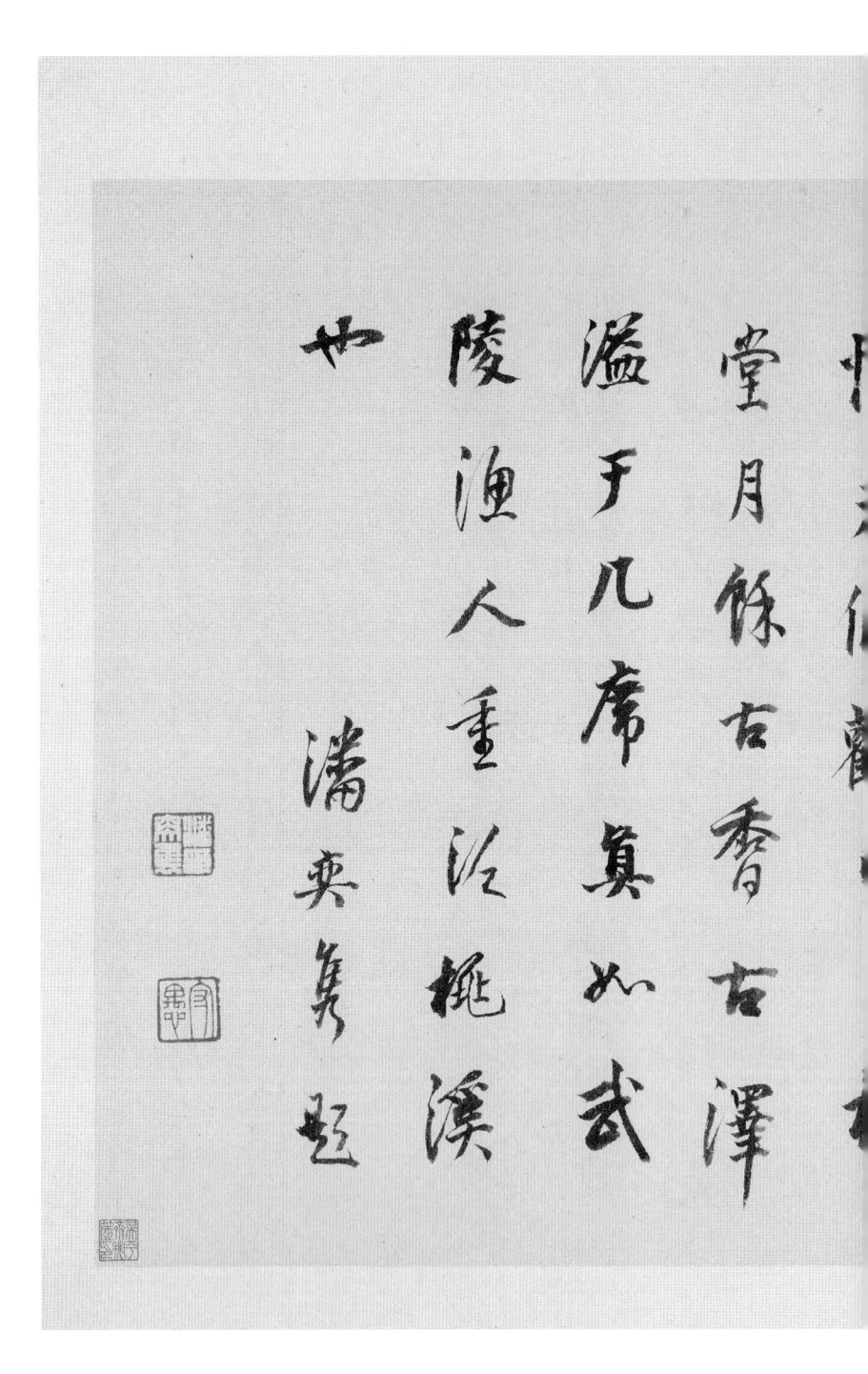

堂月條古香古澤
溢于几席真如武
陵漁人重泛桃溪
也 潚尞隽題

《石鼓文》陈元素本

乾隆辛丑余於江
右艮庭所獲觀是
冊徒艮庭以歸於楊
丈壽門壽丹世
令子煬甫寶藏之

潘氏石鼓文音訓云第八鼓薛氏次居六鄭氏次居七按施氏墨本所錄有欶走駬：馬靡皆若施立其一心十四字余家舊藏奉止敦字存今漸剝為矢余按潘氏音訓止於五字已非其舊乾本已無存敦字今此奉弟八坂敦字尚存此外桉牛真及金索閣縮擵本多至十餘字尚尚為善為元已非此所擴種蠅点精妙無此每頁九淨出窗明展玩一過覺滿紙古香泌人心脾洞為余齋星干甲瑾寶也癸亥秋日長沙黃荀汀都轉以石鼓尚殿撰所藏本屬題余深慨其跋尾好龍雲居緇藏陳眉公志其余奉役不對八垮其敦字尚勞卯閱七八小子坑學事此迺此精彩余院題首行表軒藏本日書此以志欣喜時於亥中秋前二日也吴雲識

《石鼓文》徐坊本

| 石鼓文研究新析

《石鼓文》徐坊本

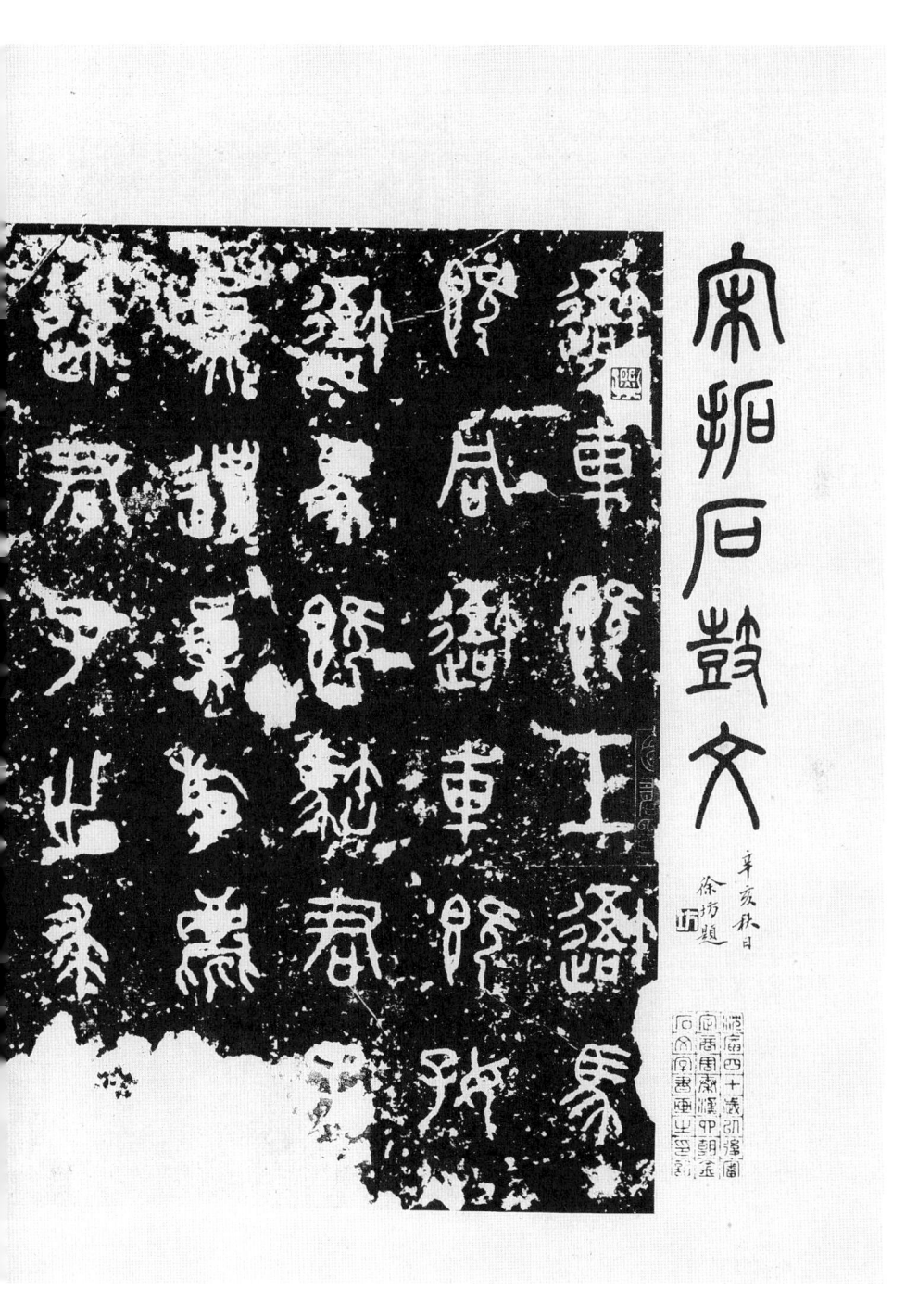

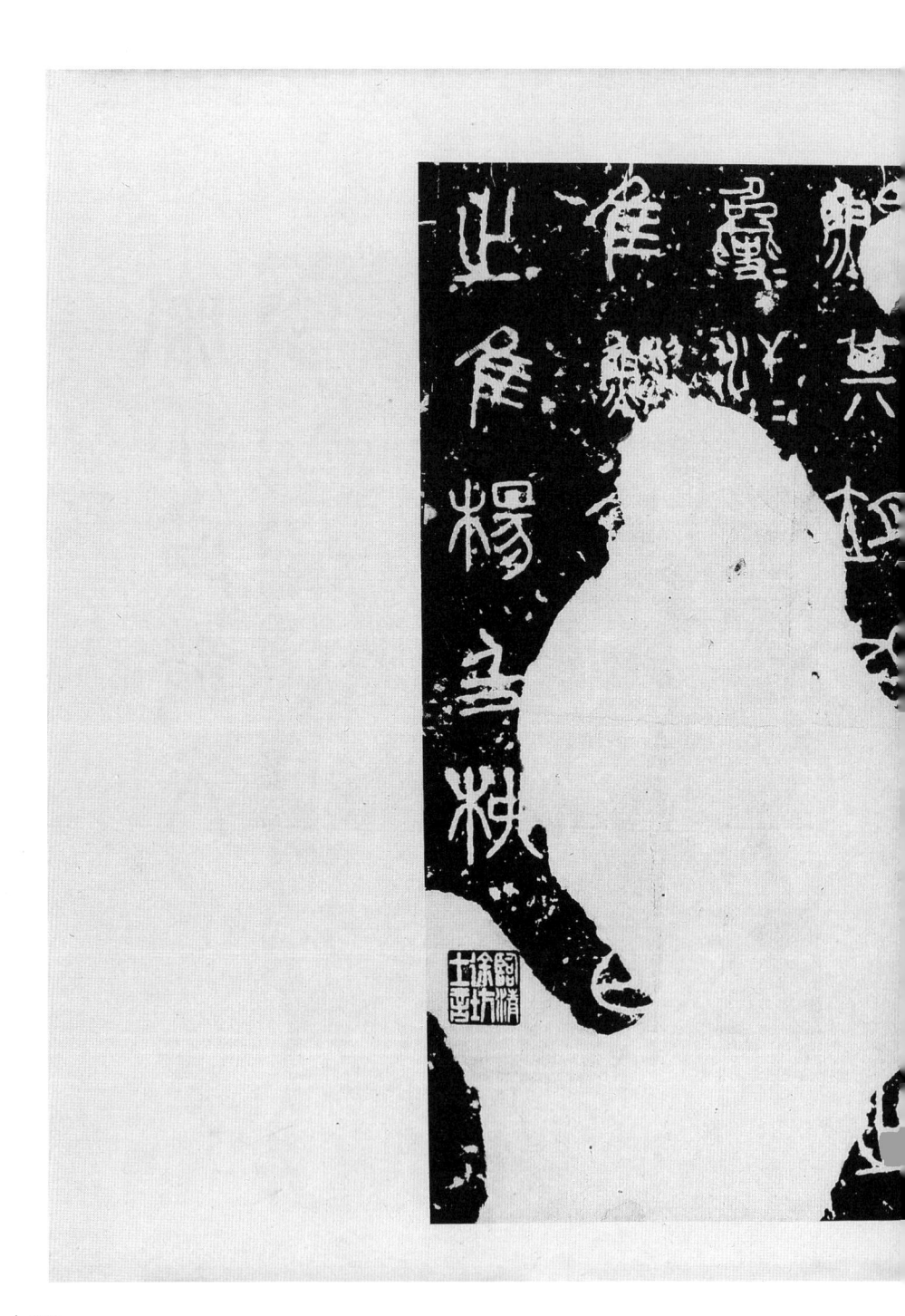

| 石鼓文研究新析

《石鼓文》徐坊本

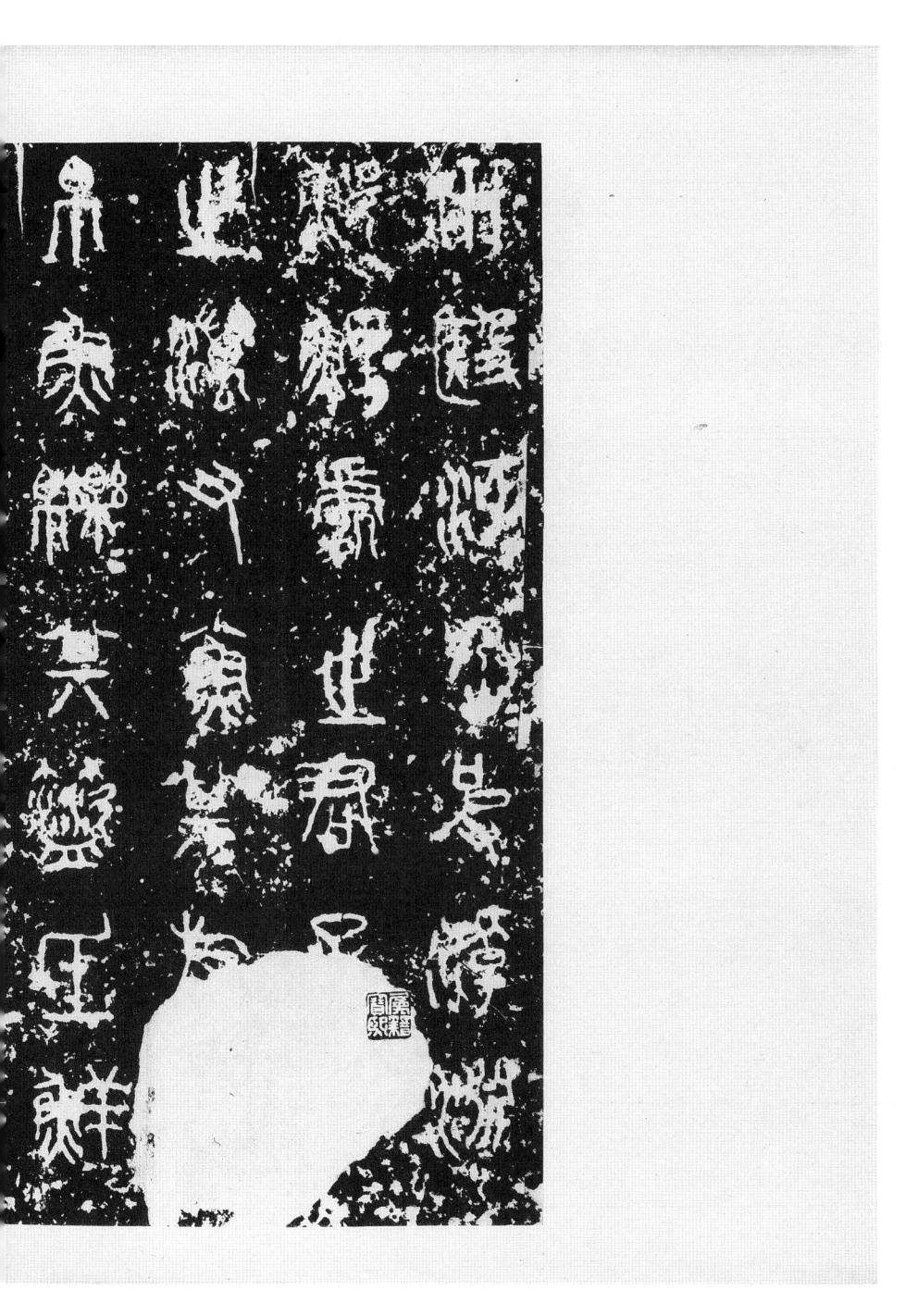

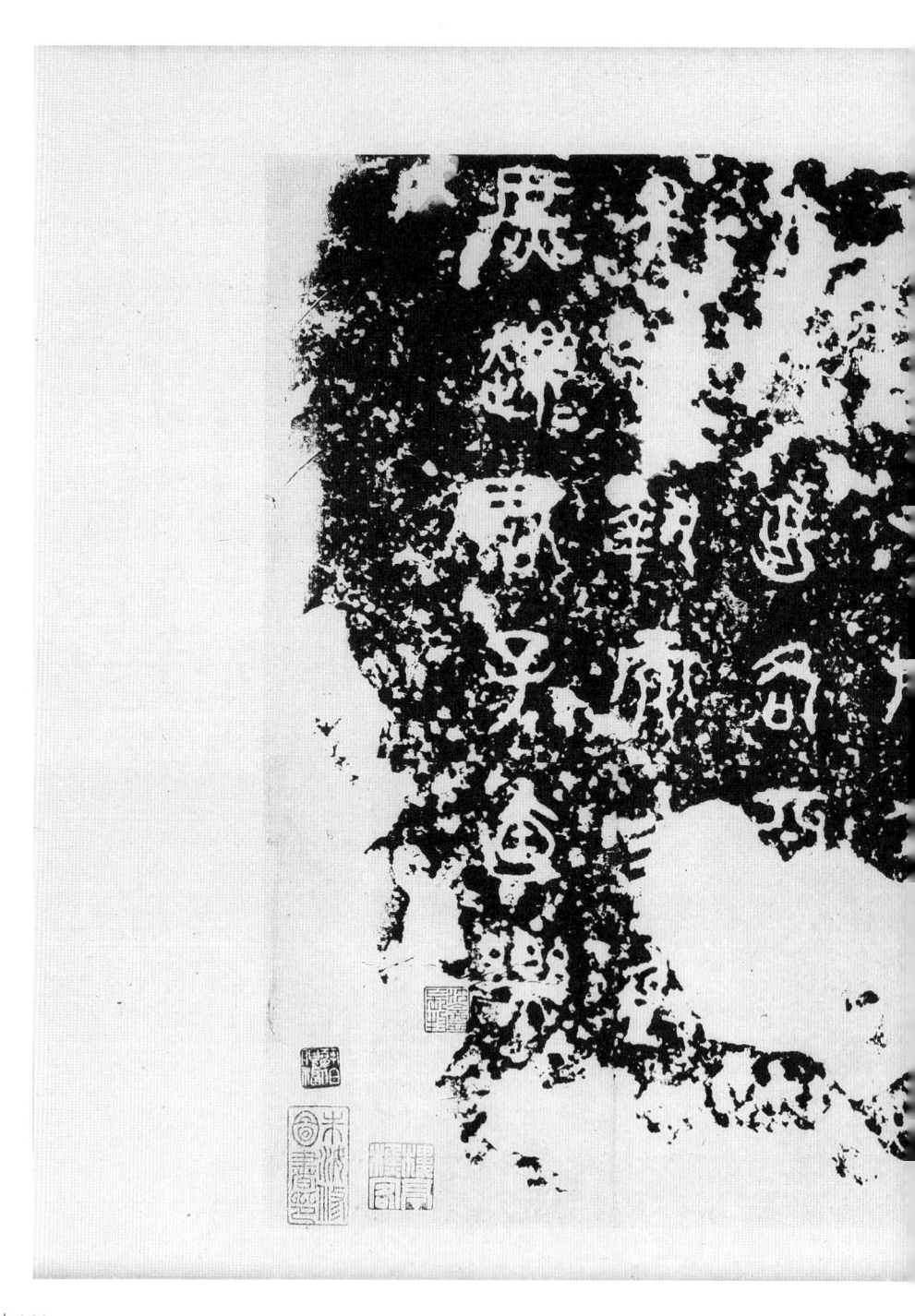

| 石鼓文研究新析

《石鼓文》徐坊本

石鼓文研究新析

《石鼓文》徐坊本

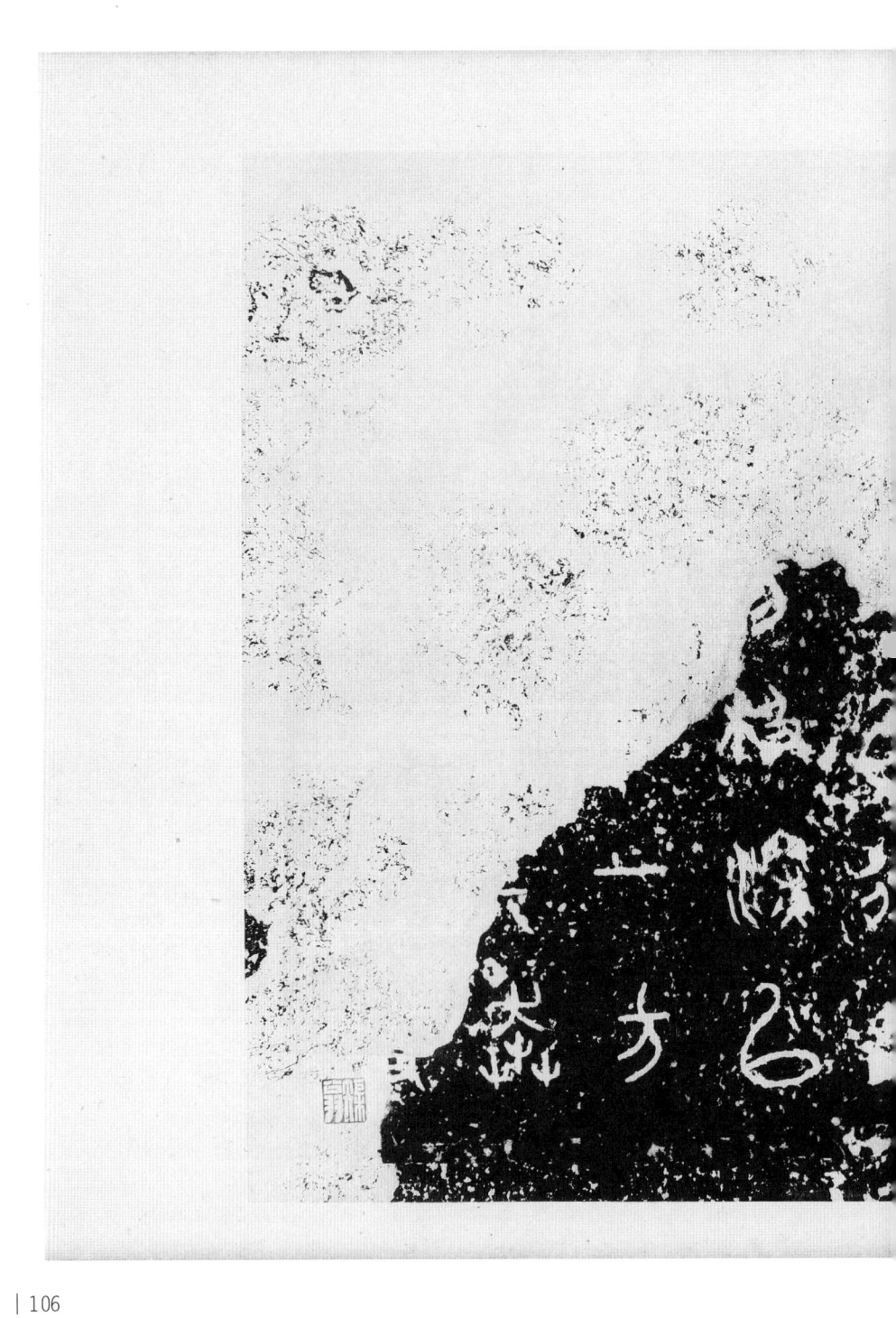

| 石鼓文研究新析

《石鼓文》徐坊本

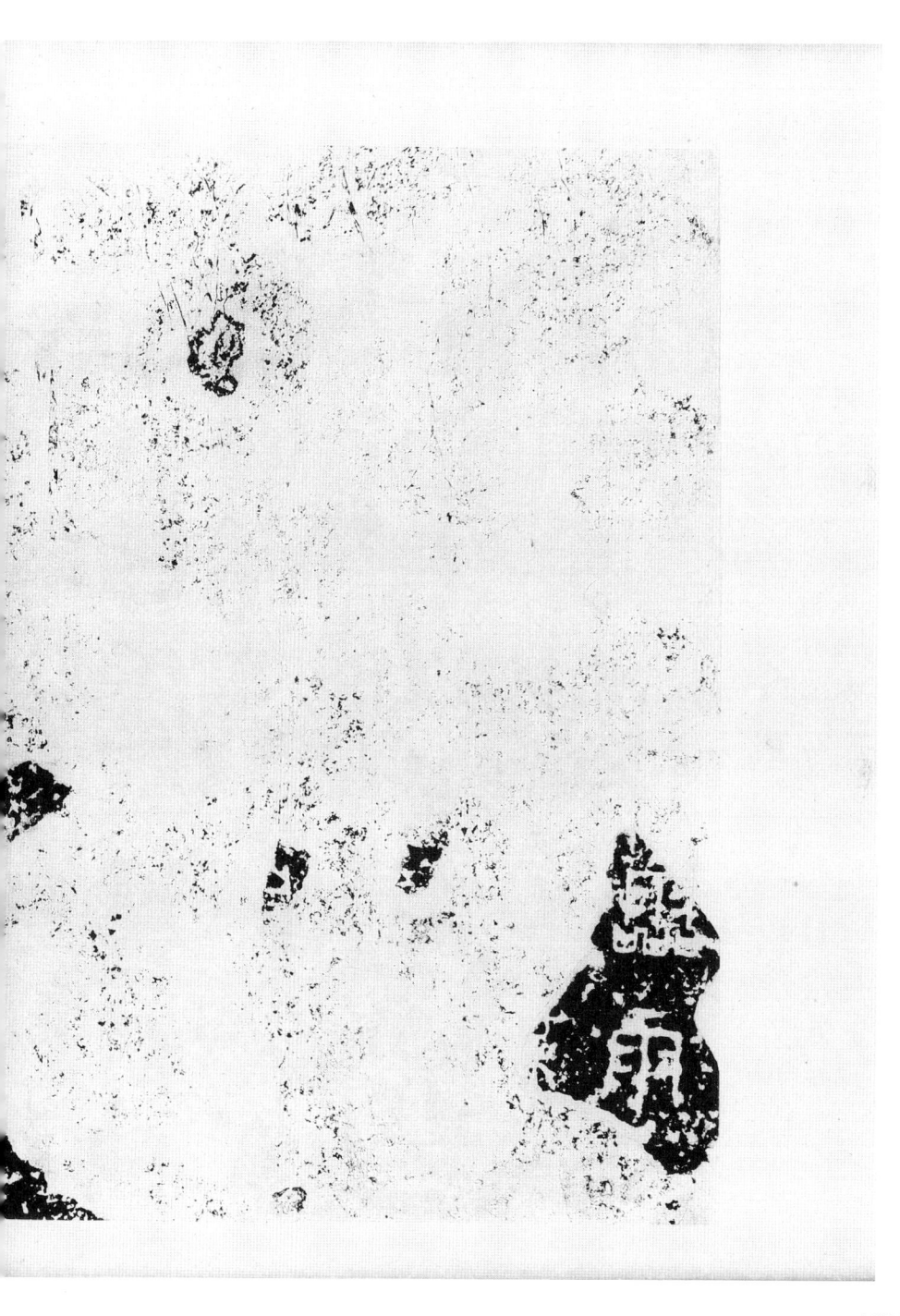

石鼓文研究新析

《石鼓文》徐坊本

石鼓文研究新析

《石鼓文》徐坊本

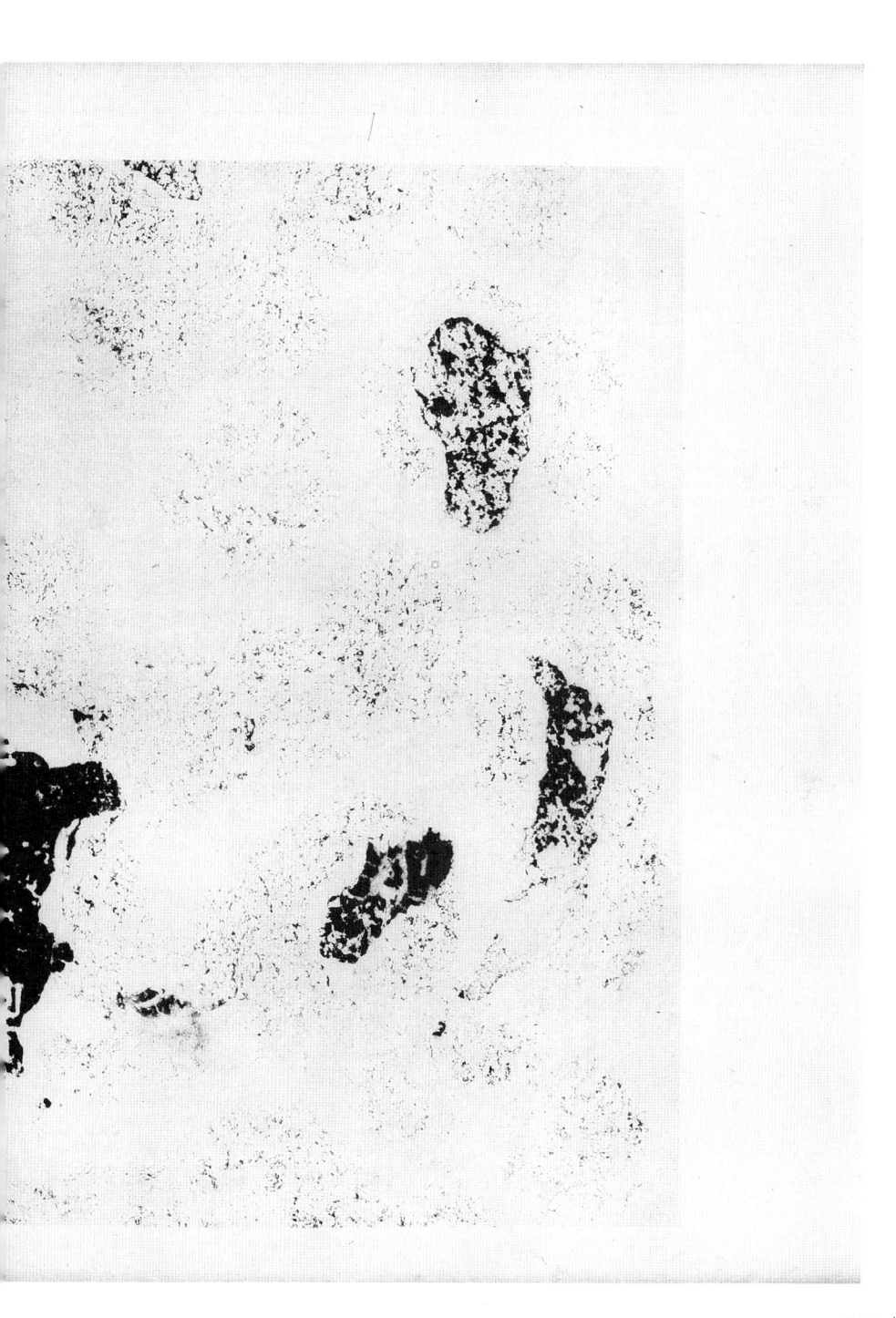

| 石鼓文研究新析

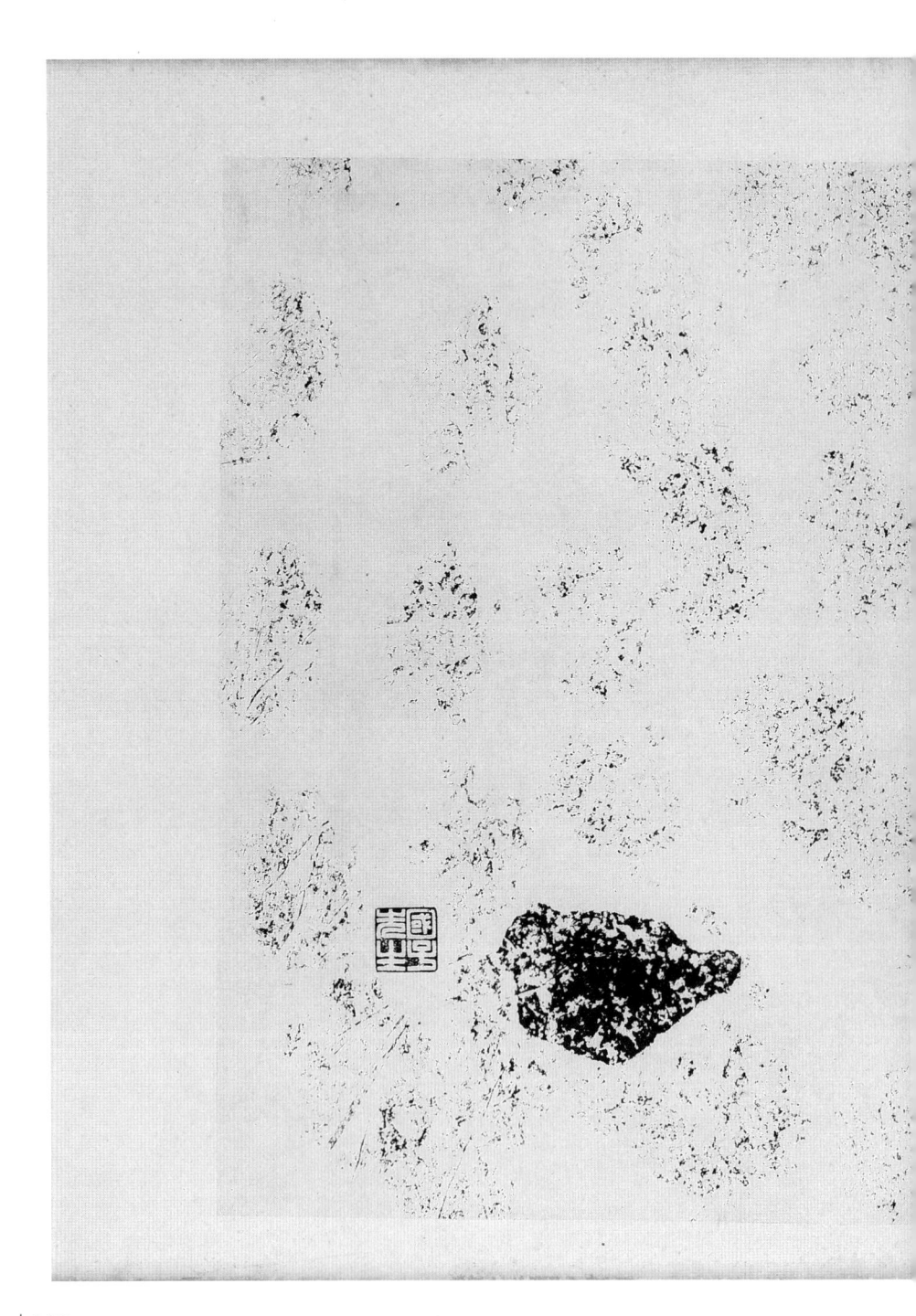

《石鼓文》徐坊本

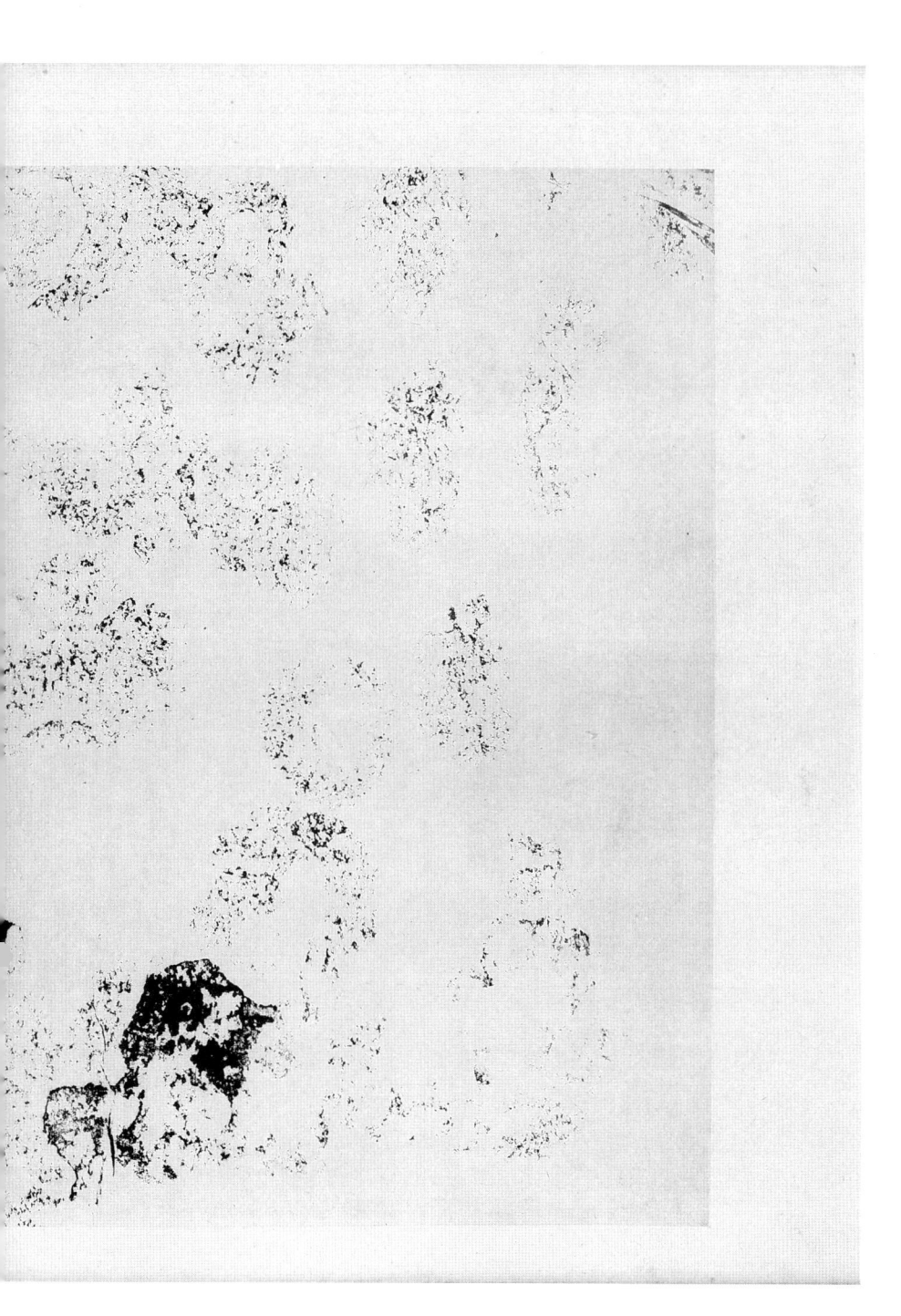

石鼓文研究新析

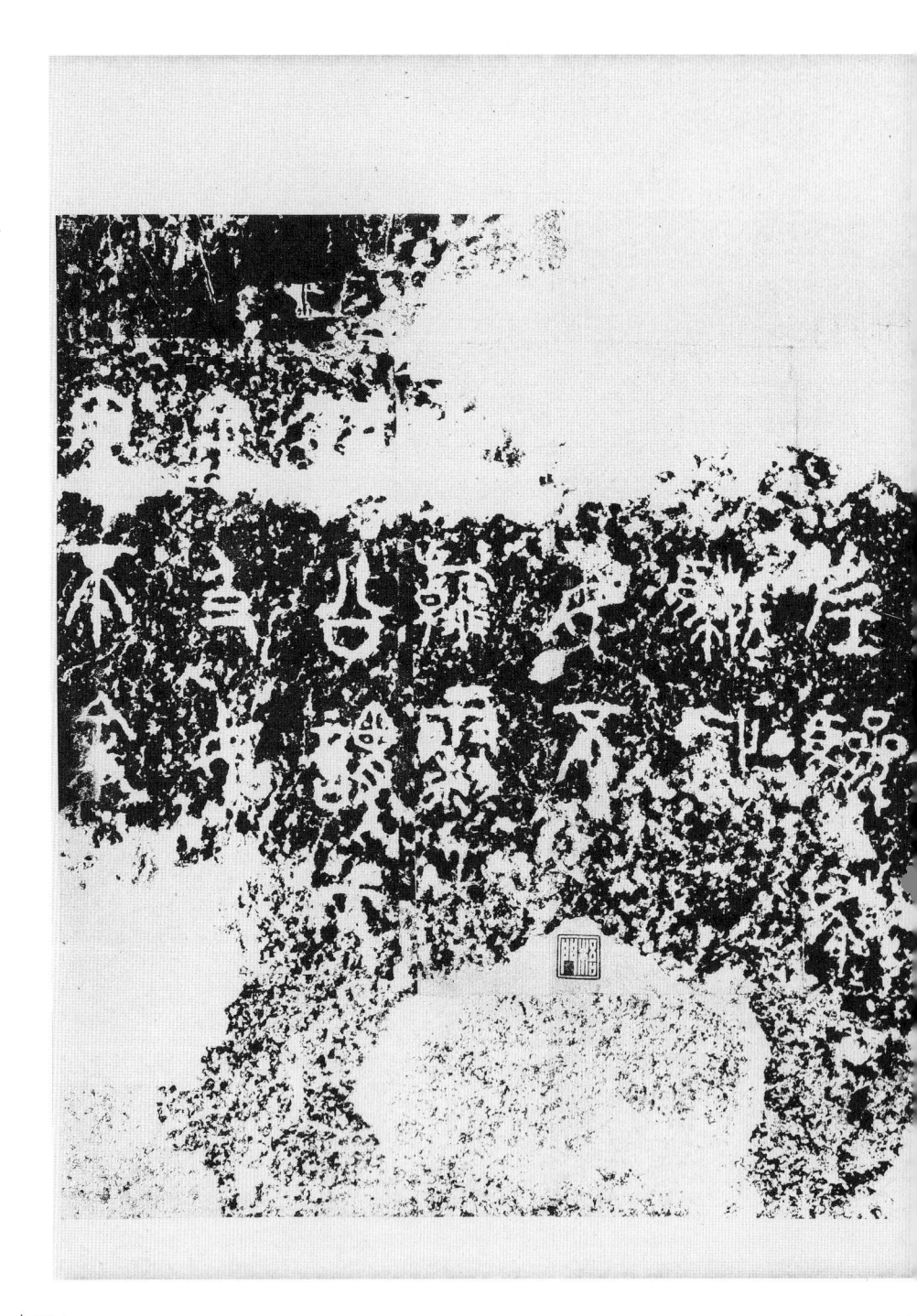

《石鼓文》徐坊本

| 石鼓文研究新析

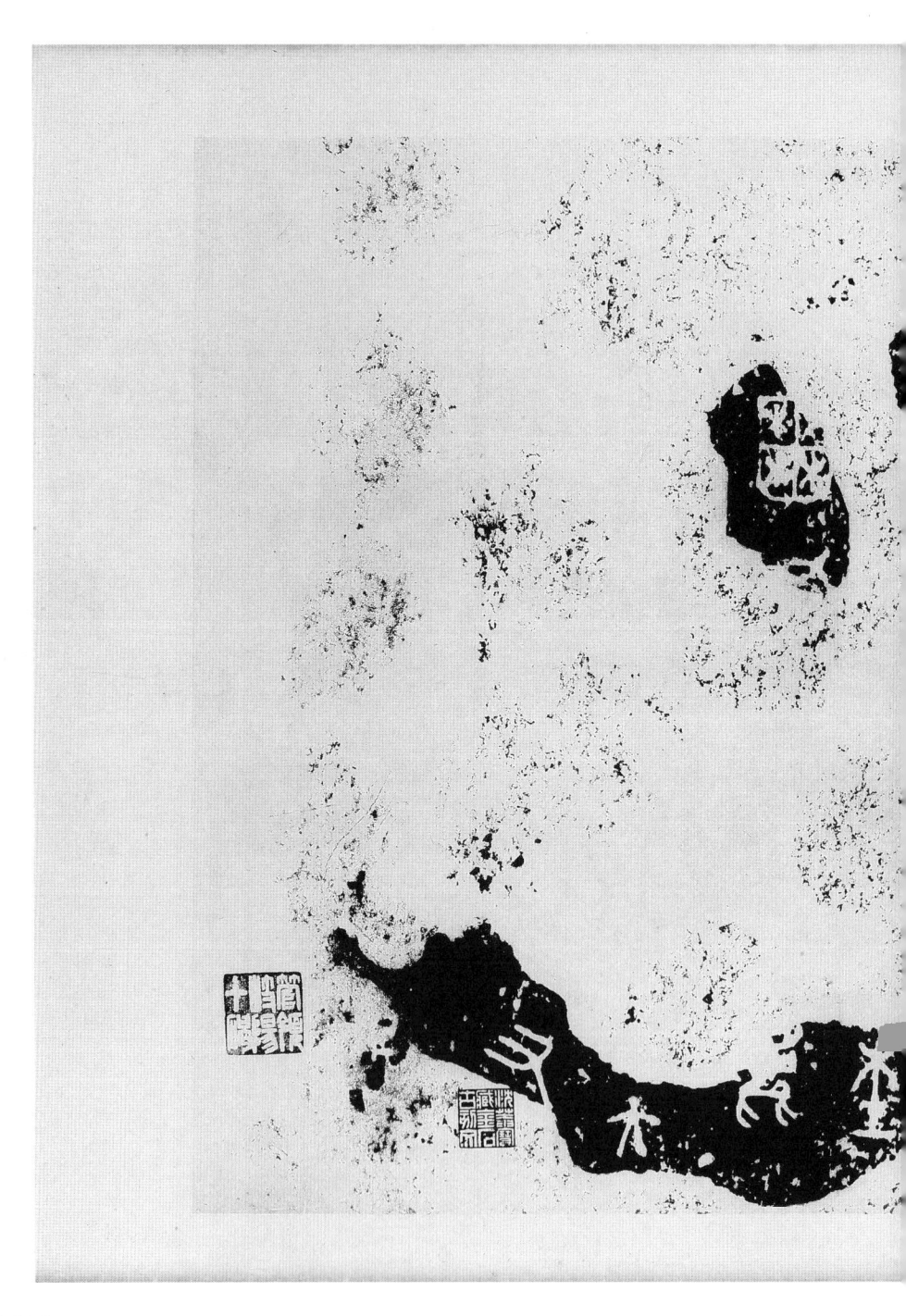

《石鼓文》徐坊本

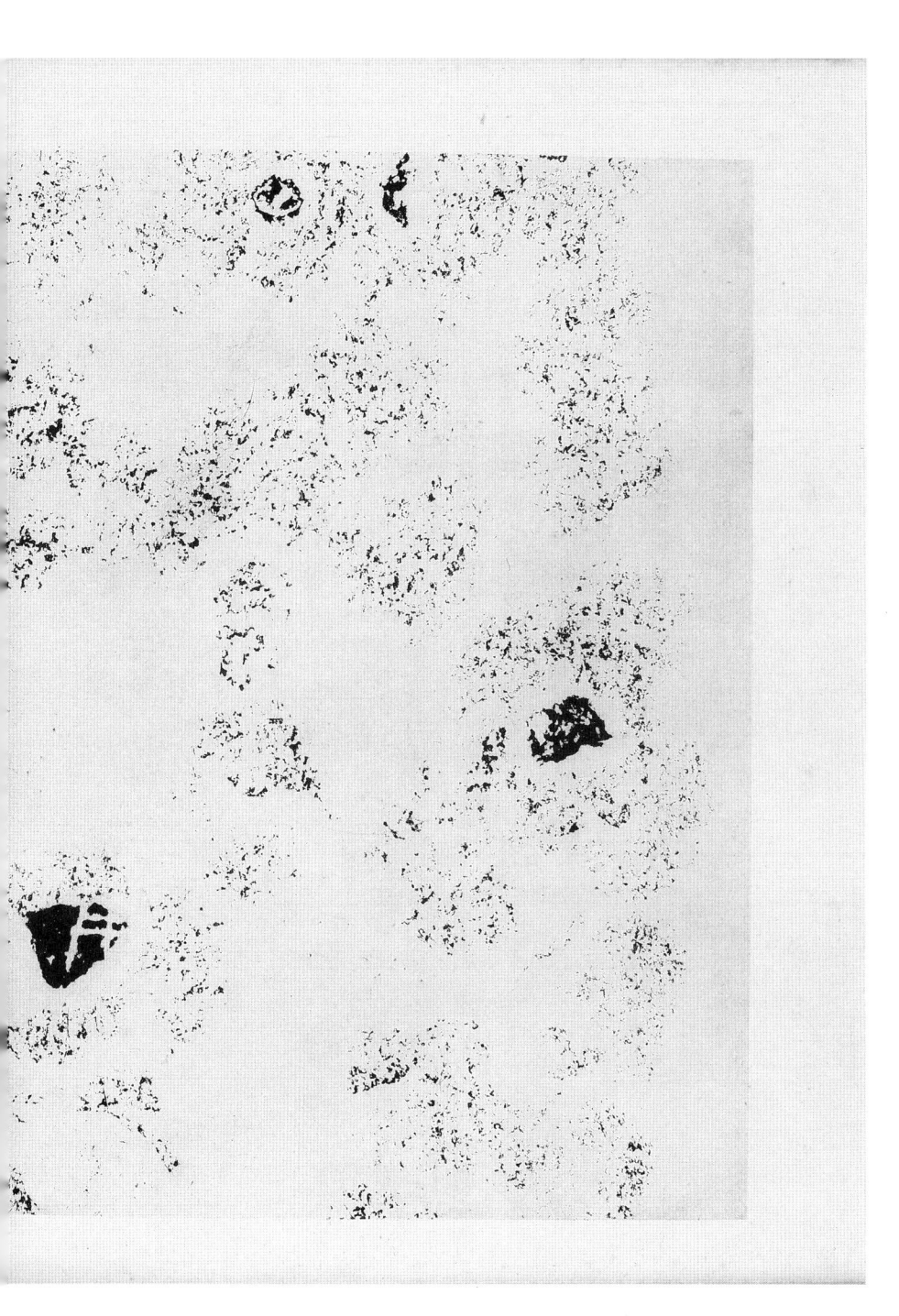

光緒丙申丁酉間坊從黃縣王聖邲常江潯此蒯檁本宋拓石鼓文福山王廉生祭酒沱為希世之珍戊戌夏坊奉母遠山鼎彝圖籍悉留都下庚子之交太室佚此冊其一此歲丙午重官京朝知此冊為吾友沈盦侍郎阽命工連綴成巨冊後送十碼之舊出以見示驚詫歎怍不翩良友之重逢此謹記始末識墨緣坊別有未蒯拳子本石鼓文光公以五十金得於廣西天籟閣故物也第二鼓首行鯀鯉字已泐餘與此奉纖悉並同惟拓工不及此本之精並此本之第四鼓第八鼓皆有蒯時棄去之字幸本完好無闕可寶也惜於康子失去闋令為丹後劉氏昕以不可複見矣附誌於此為之慨並者久之宣統辛亥八月臨清徐坊謹記 你東六鼓 第九鼓漢書

《石鼓文》徐坊本

宣統辛亥秋八月歸安胡惟德借觀
於當兩中旬日 謹志眼福

沈舍侍郎示敬石鼓文及阮宗室舊拓題識之次年七古荊履卿見御又之
質余口此本果精善也口元揚司業釋文皆此奉存字未於揚釋者弦什一君字
此存案拓章元代石刻存字五六字前京口墨本聰影評為區舉業多口作乎對慮釋
本有實證計君者潘民前第二鼓末云中鼓與覺好上其字作浮字全磨識而評
部字者何以又云浮字全磨識或云難浮字的舊者何以釋中义較素
此西釋浮字既不設及發何以案之之案字夫潘民既玄雖此較覺好實似無一
字浩為薄釋其不財於辭譽之多口此因易解不涉釋自明
言問取鄭氏班施氏宿薛氏為的王氏墨之字數案之說表第二鼓末云 鼓中蹟
此究拓者乃述施宿語但末著施氏之名碱拾古文克華據 注石鼓文可施氏之玄
二字廣城濇于蒙因助浮字枝有施氏此語其云 諸南釋王玉之者潘民擣苟人
西釋若一非舊時不列於存其釋盂中較義字者因與丘以解釋末另一時另致慎善古
人來不如今之精密據釋中文字乃佝擔前代者保明全謄當時有刻古字而於苟
些西釋若一字又盛未者則有此手者並列罷 说明可知此来之確為崇折嘉石之前
張助大抵存由難往益為 隨床由作 經蜜注與浮道不澀罷釋之中校棄字者
之言履卿輕稍推若不之乃明年余履卿逢嚴浬美履卿遐擲督佳 口以 嗇石鼓
見履卿路尾後乎余諾無寡既還思睹者微芋達薛乙出了不可再浮知真語要休
鵑尾當撥若乎正諾吾過乎口以案蜜盈不可下枝融山此祈如乎昔沈舍方乞
之書履卿銅摘雜若不之乃明乎余徑侍郎歇此回對竟不
目稱於壬午於日本橫卿寫居于永恭園 鄭之說千厌尾廿一精螢別者辛有此 起乎此鑿羔

《石鼓文》项源本

石鼓文研究新析

《石鼓文》项源本

| 石鼓文研究新析

《石鼓文》项源本

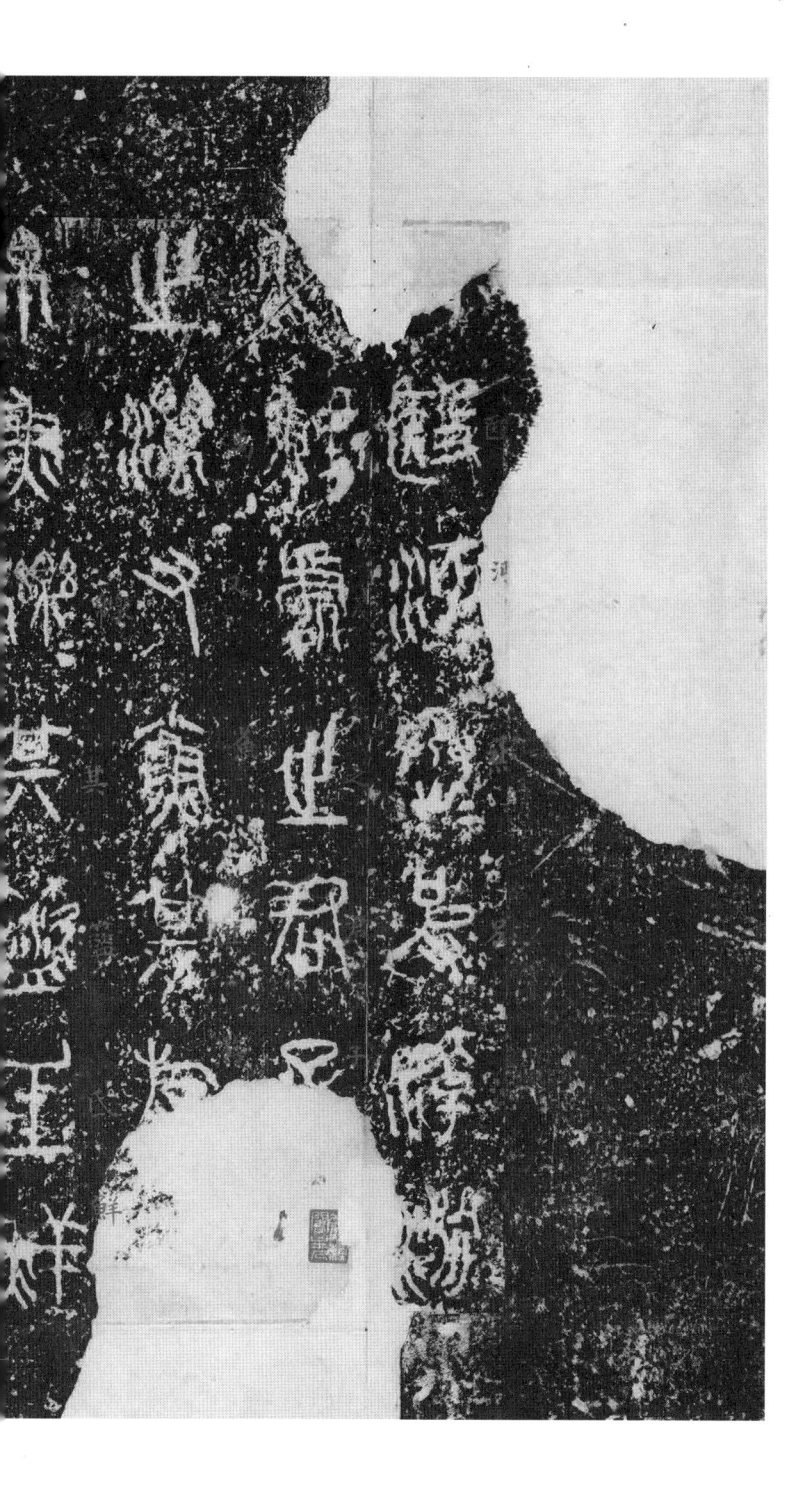

| 石鼓文研究新析

《石鼓文》项源本

石鼓文研究新析

《石鼓文》项源本

| 石鼓文研究新析

《石鼓文》项源本

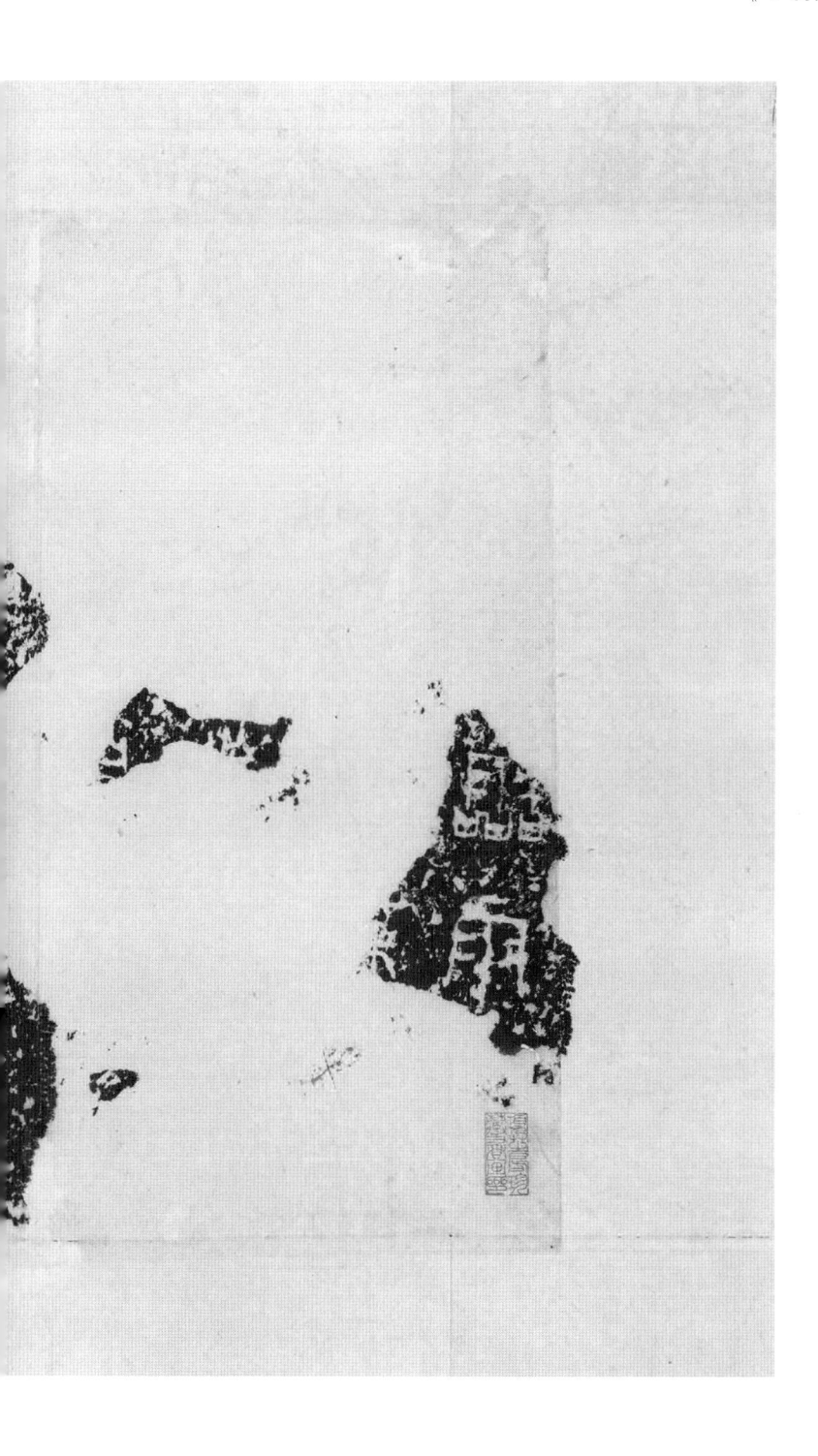

| 石鼓文研究新析

《石鼓文》项源本

| 石鼓文研究新析

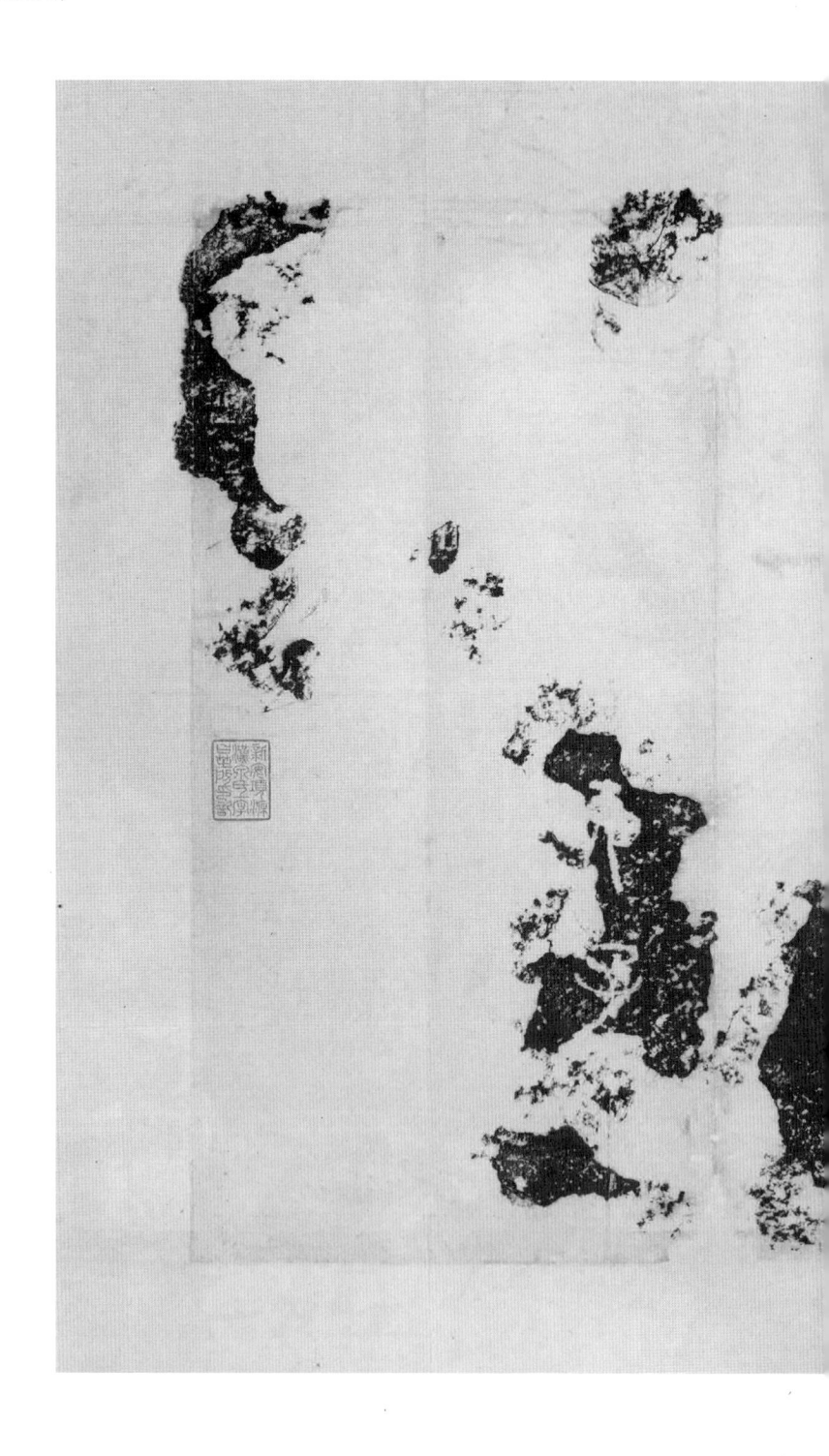

《石鼓文》项源本

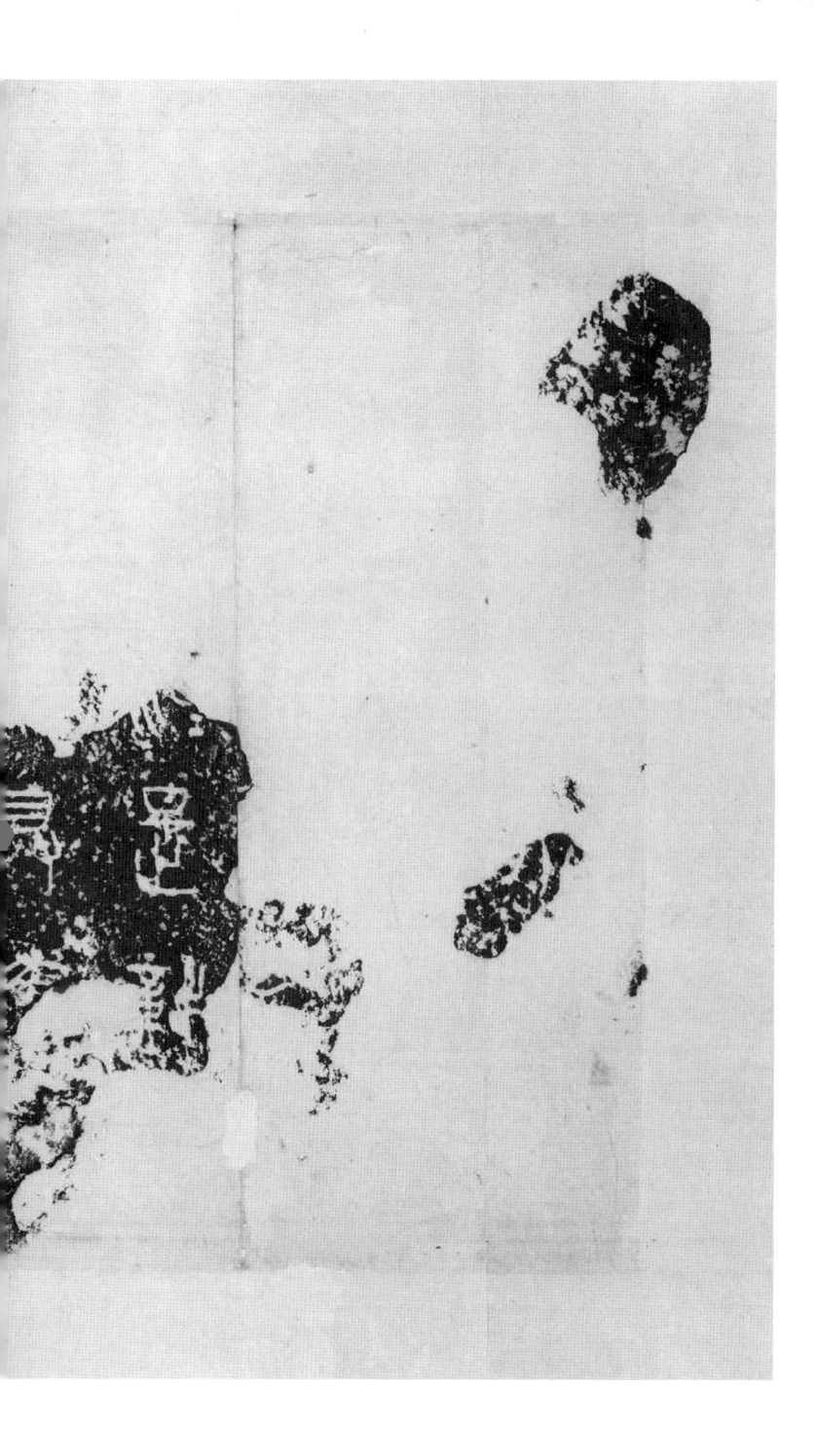

石鼓文研究新析

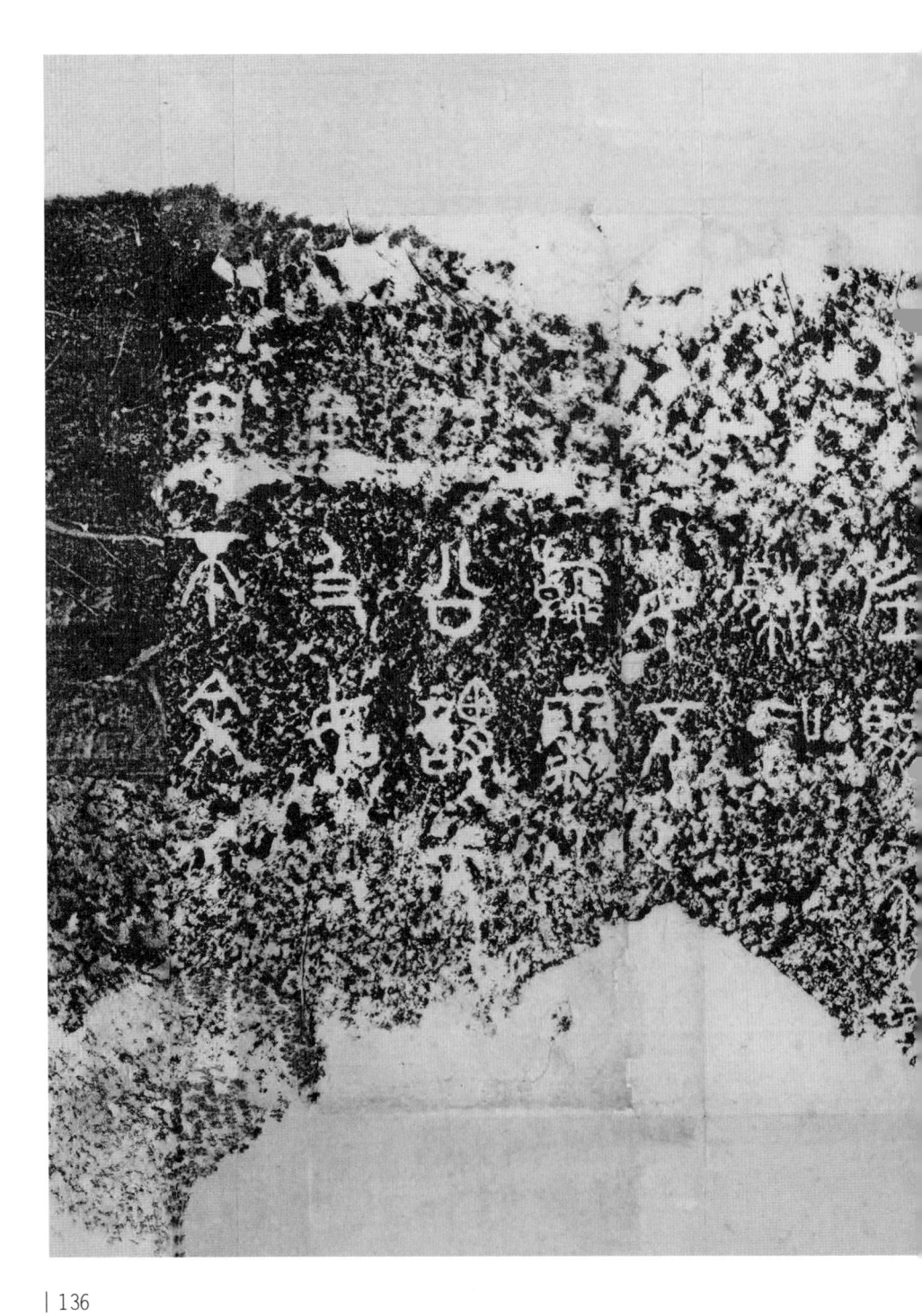

《石鼓文》项源本

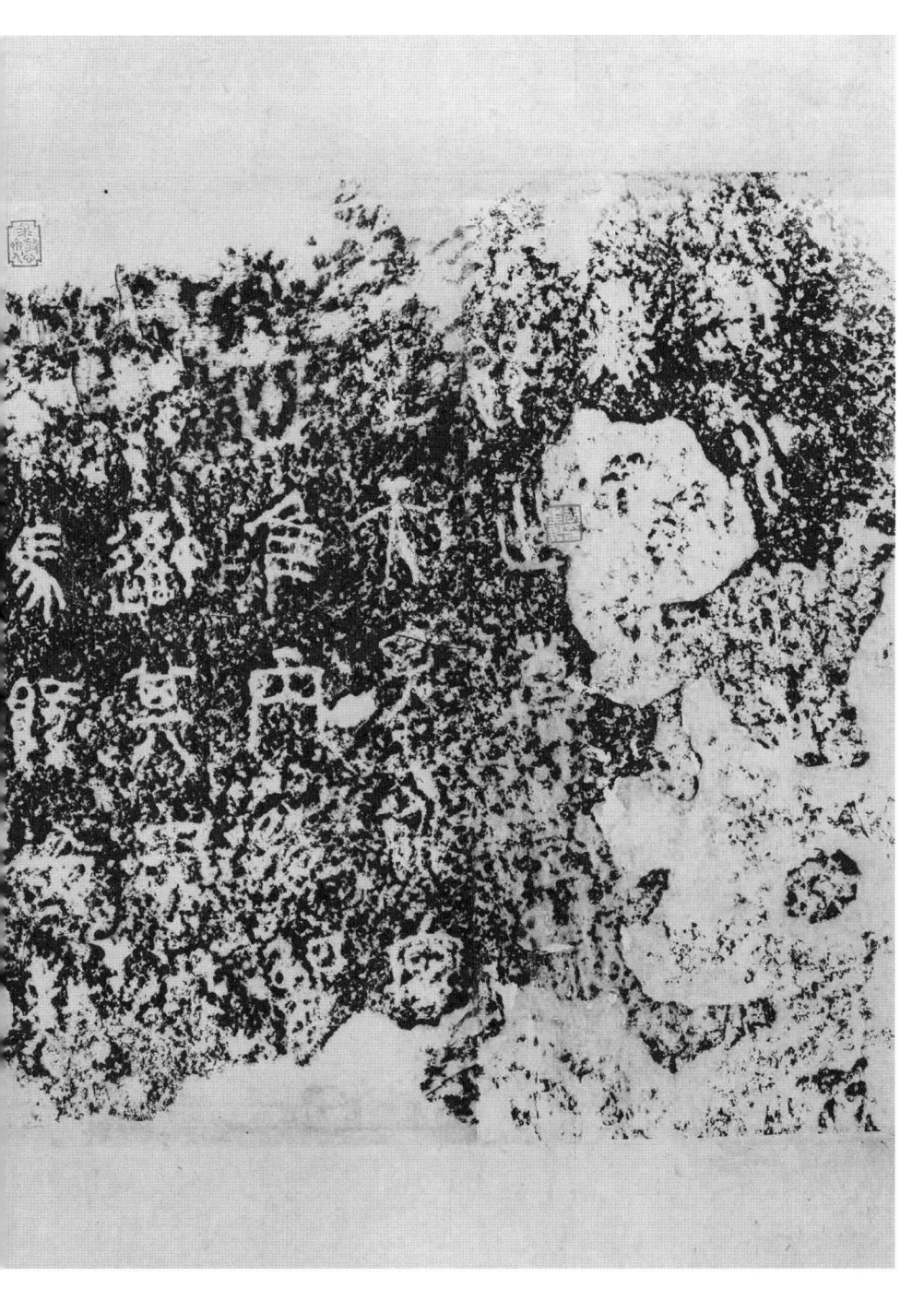

石鼓文研究新析

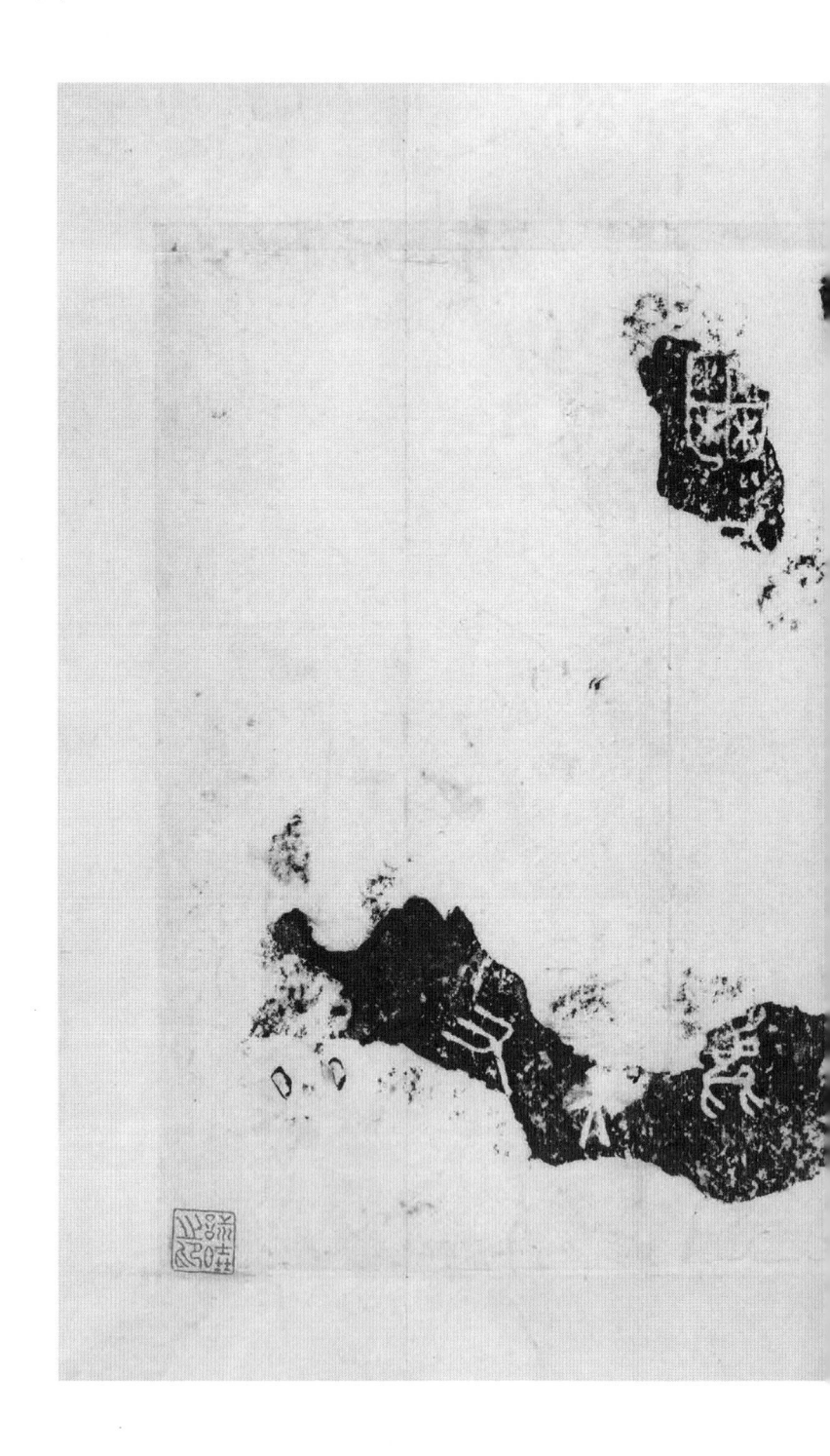

《石鼓文》项源本

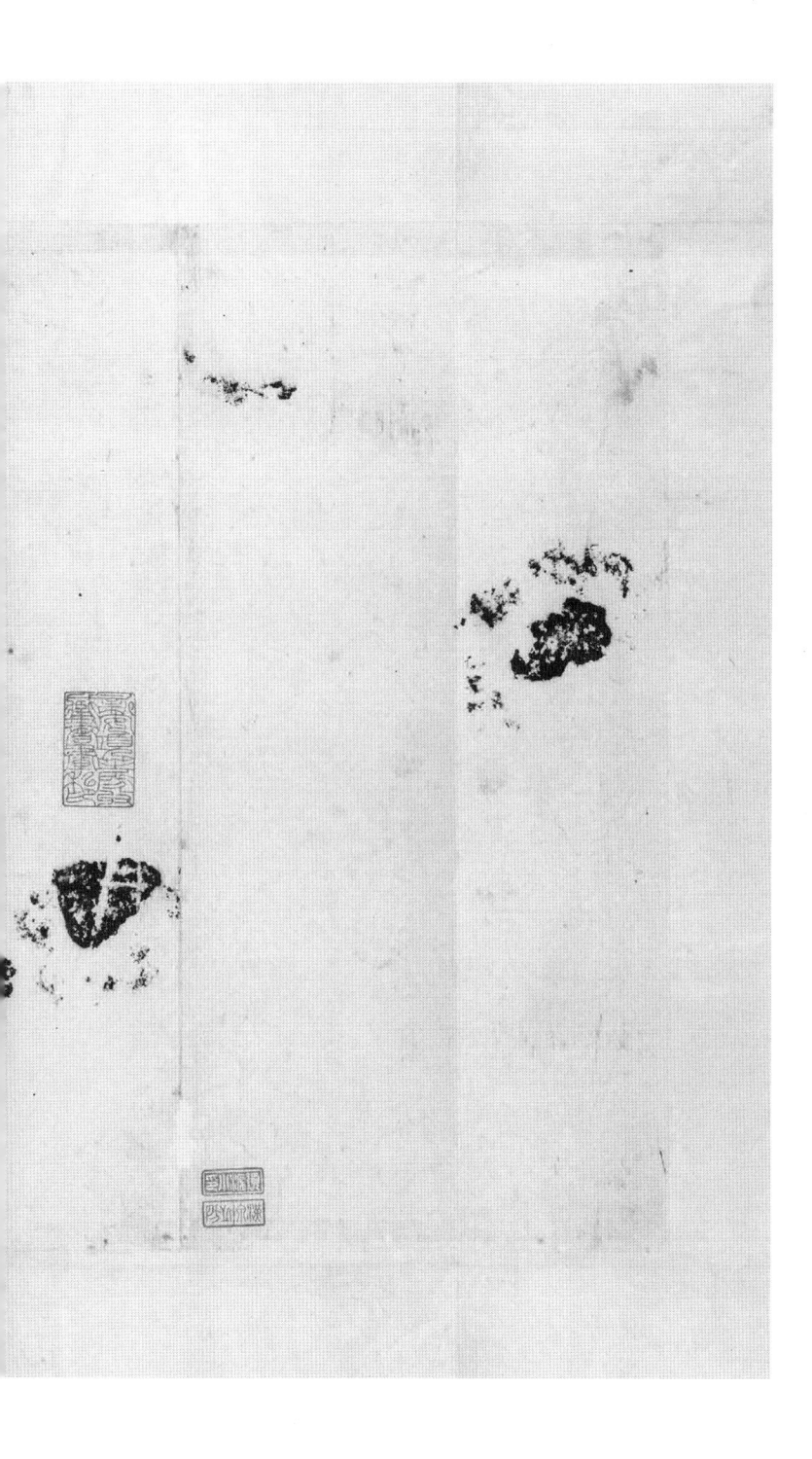

石鼓文久已漫漶此本乃初拓本以近日拓本鼓之第二鼓多鲤其二字已在半字帛字不缺第三鼓多𩵋搏载衍廷宪女字庶字为有下半火字载字共六字为存江藩记

此本与郭兰石丈所藏署同柳上不合阪有陕𢘺贞兄得之於项盖猶芝房手拱池者雖非宋元拓手今已千不獲一矣 子毅識

注：此页原在册中第七鼓后。

《石鼓文》中权本

石鼓文研究新析

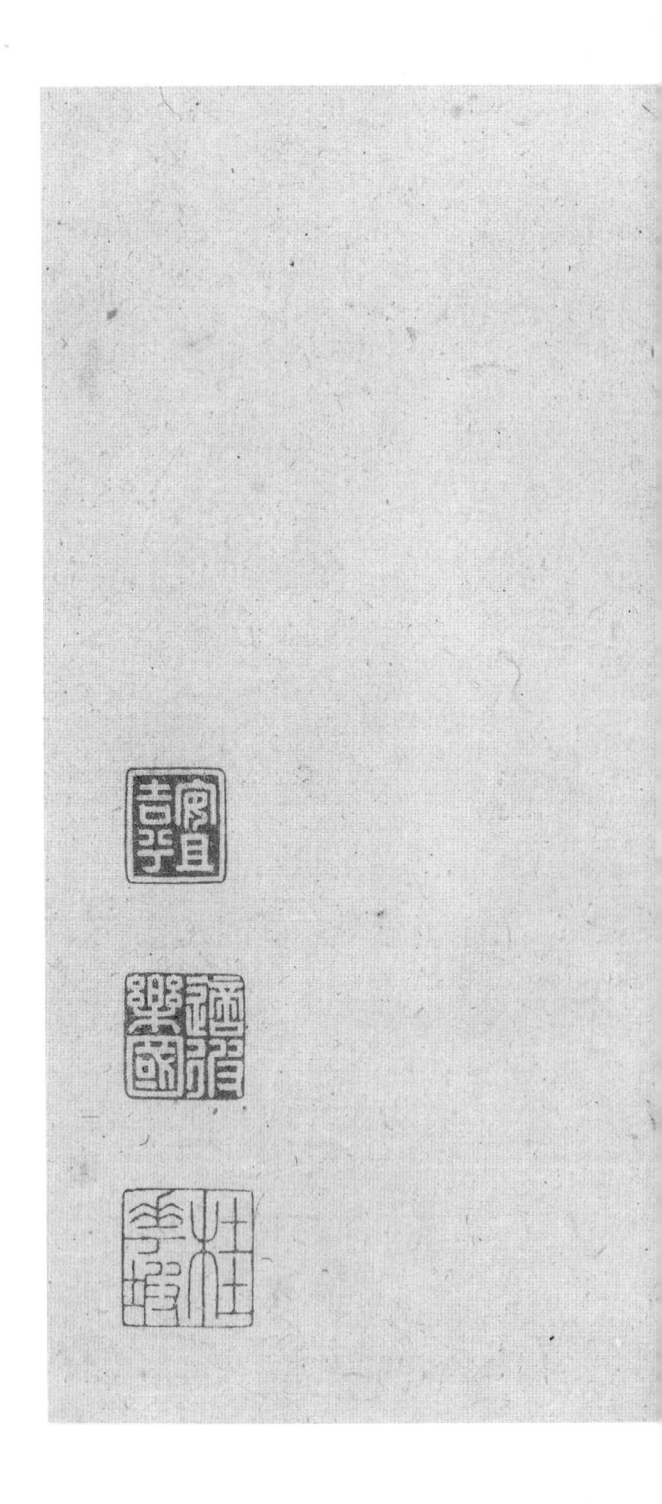

《石鼓文》中权本

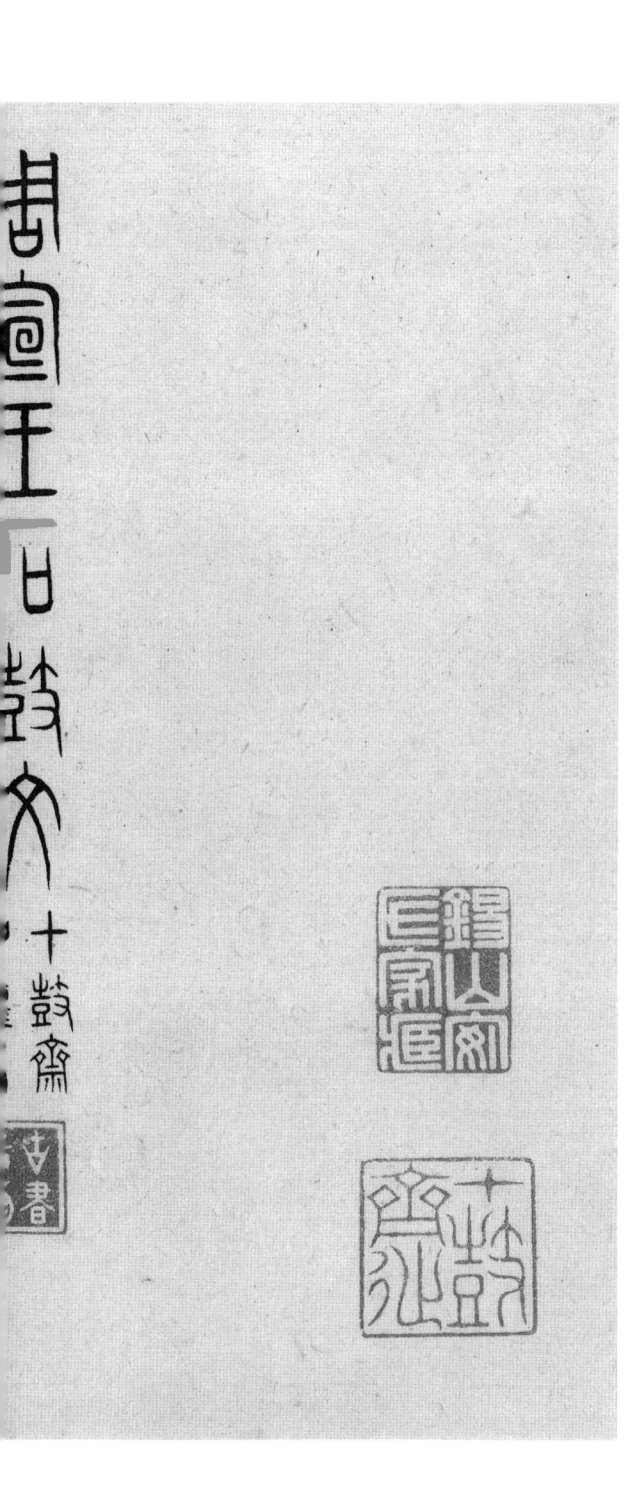

| 石鼓文研究新析

朱石梅家藏本最完整浦本尤生此楮可辨陈本漫盡矣

《石鼓文》中权本

石鼓文研究新析

《石鼓文》中权本

石鼓文研究新析

《石鼓文》中权本

| 石鼓文研究新析

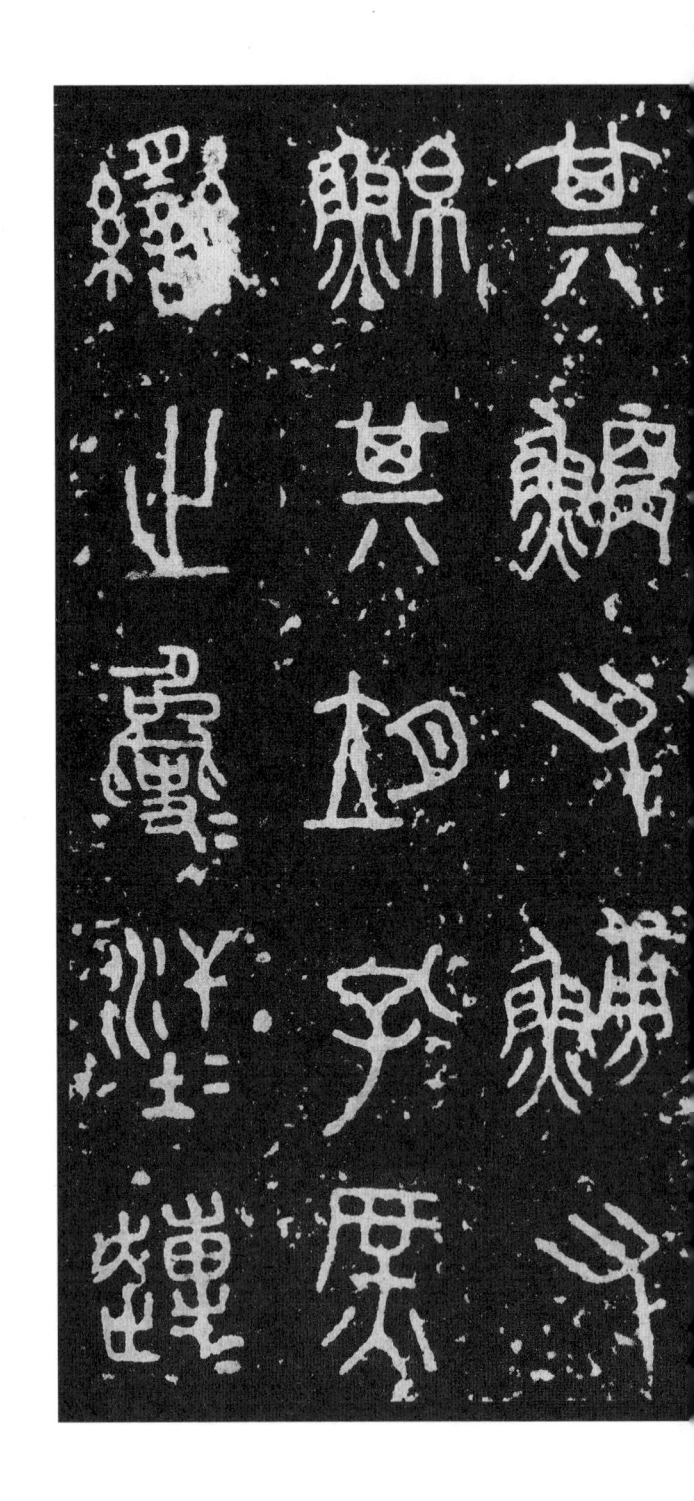

《石鼓文》中权本

| 石鼓文研究新析

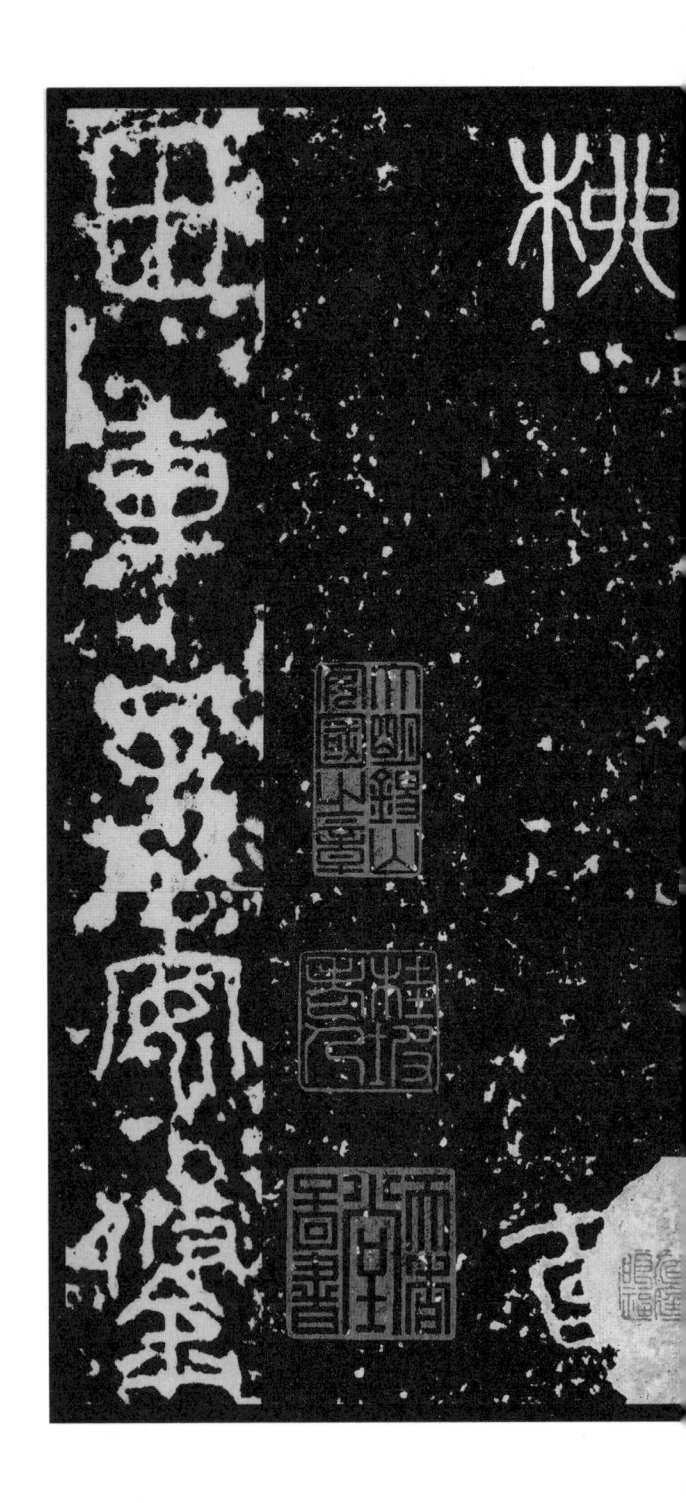

《石鼓文》中权本

石鼓文研究新析

《石鼓文》中权本

石鼓文研究新析

《石鼓文》中权本

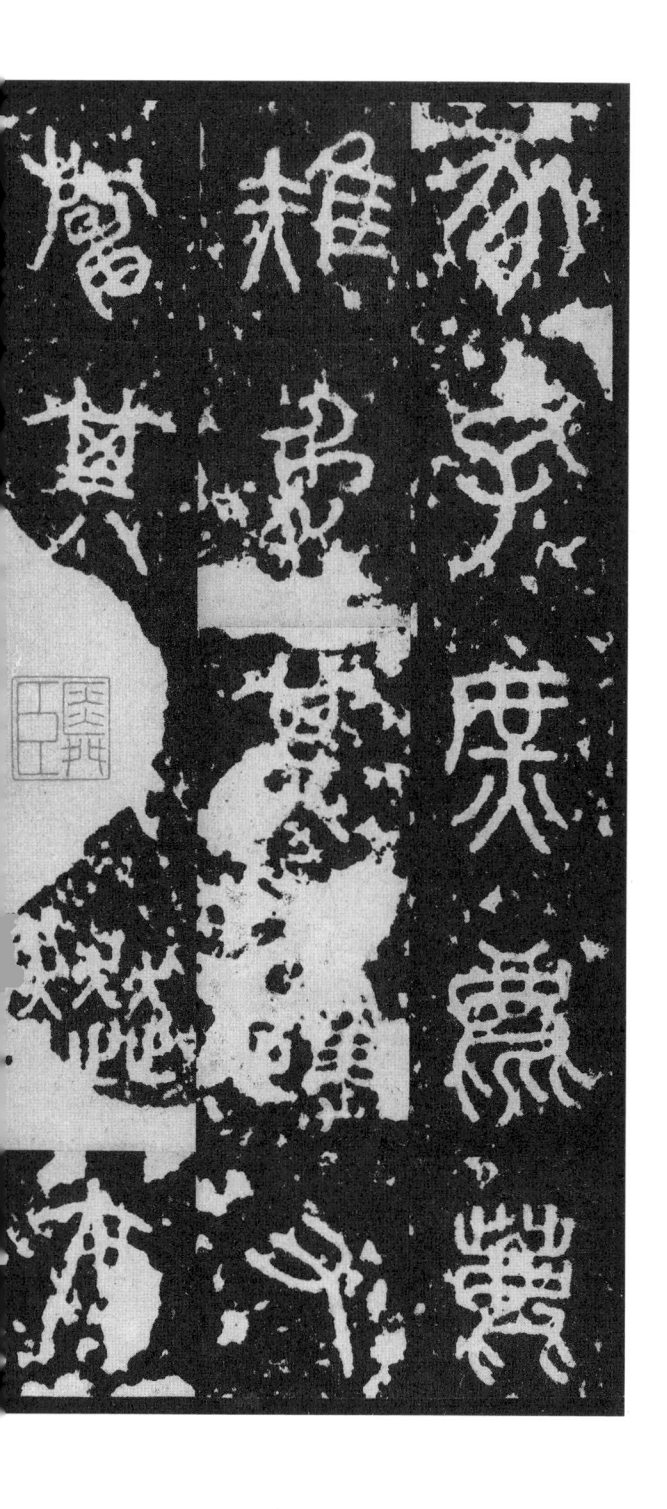

| 石鼓文研究新析

《石鼓文》中权本

石鼓文研究新析

《石鼓文》中权本

石鼓文研究新析

《石鼓文》中权本

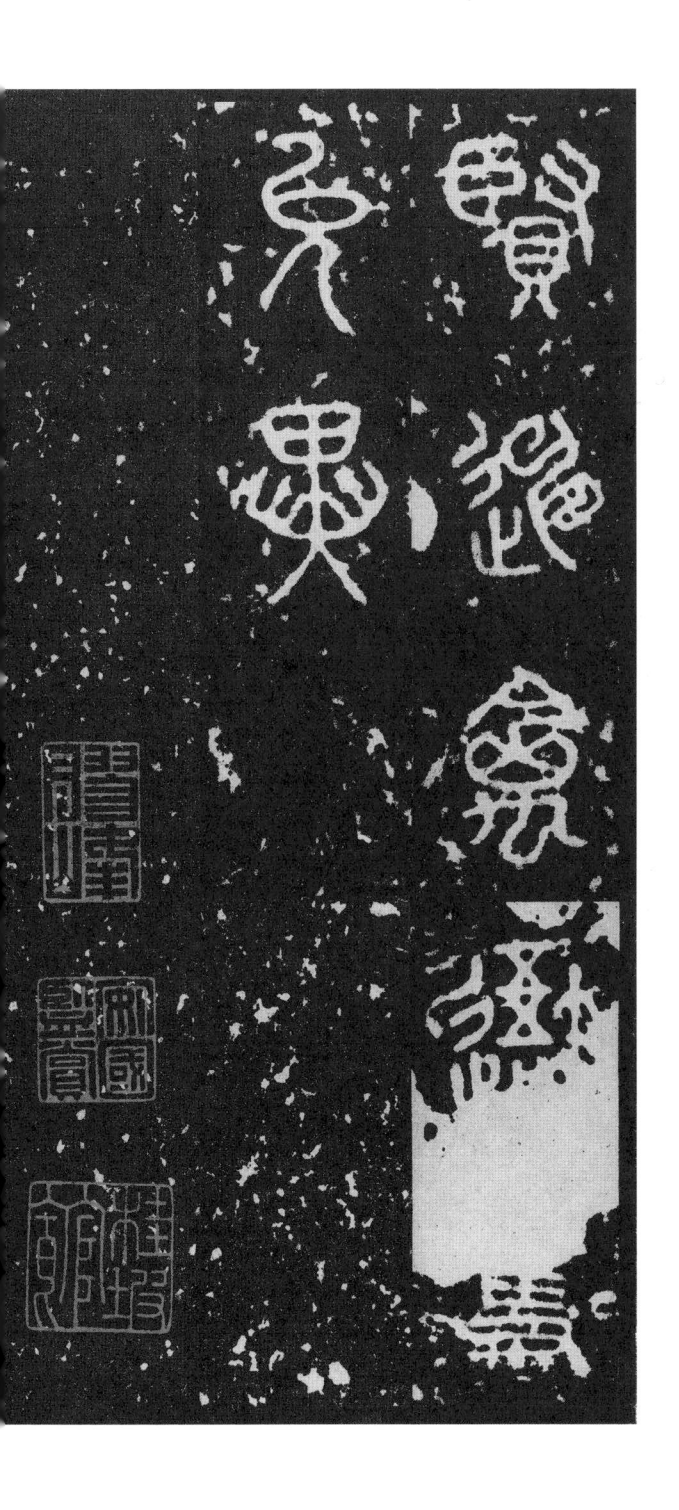

| 石鼓文研究新析

《石鼓文》中权本

石鼓文研究新析

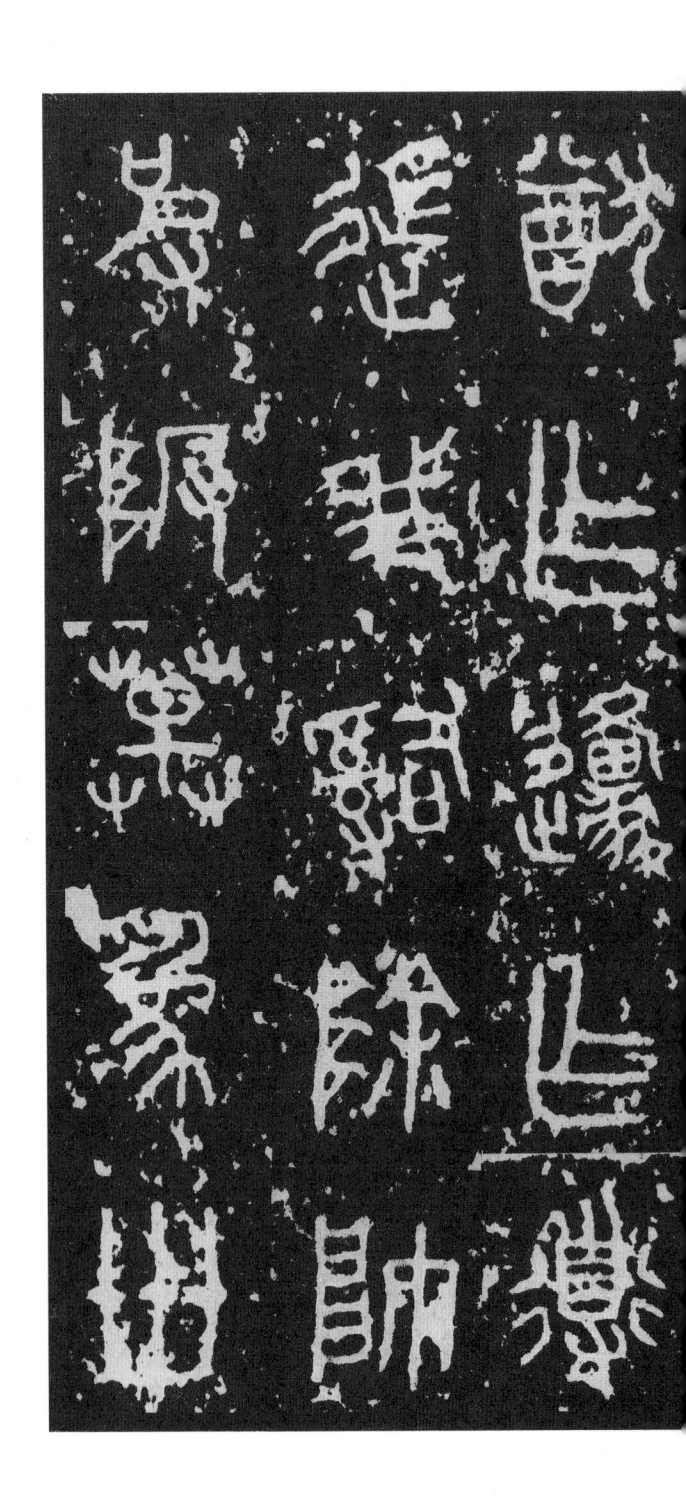

《石鼓文》中权本

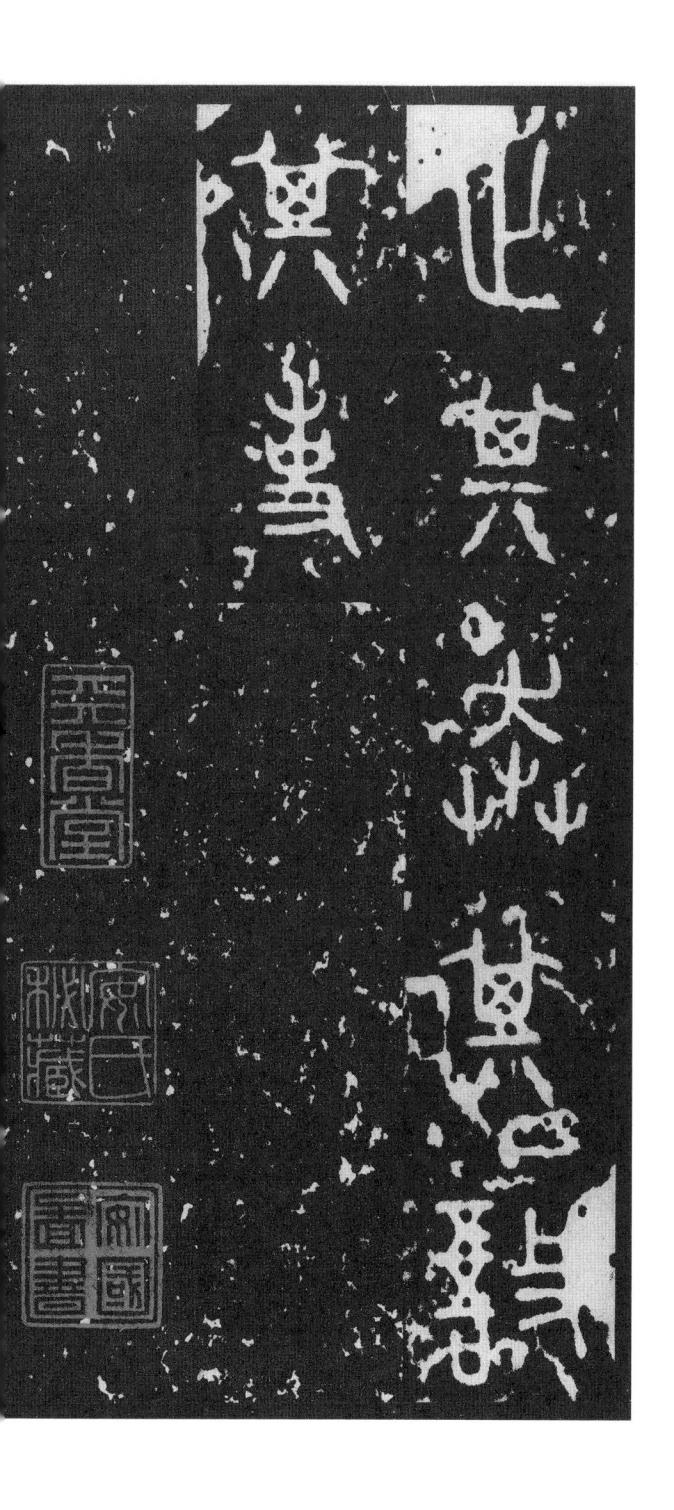

石鼓文研究新析

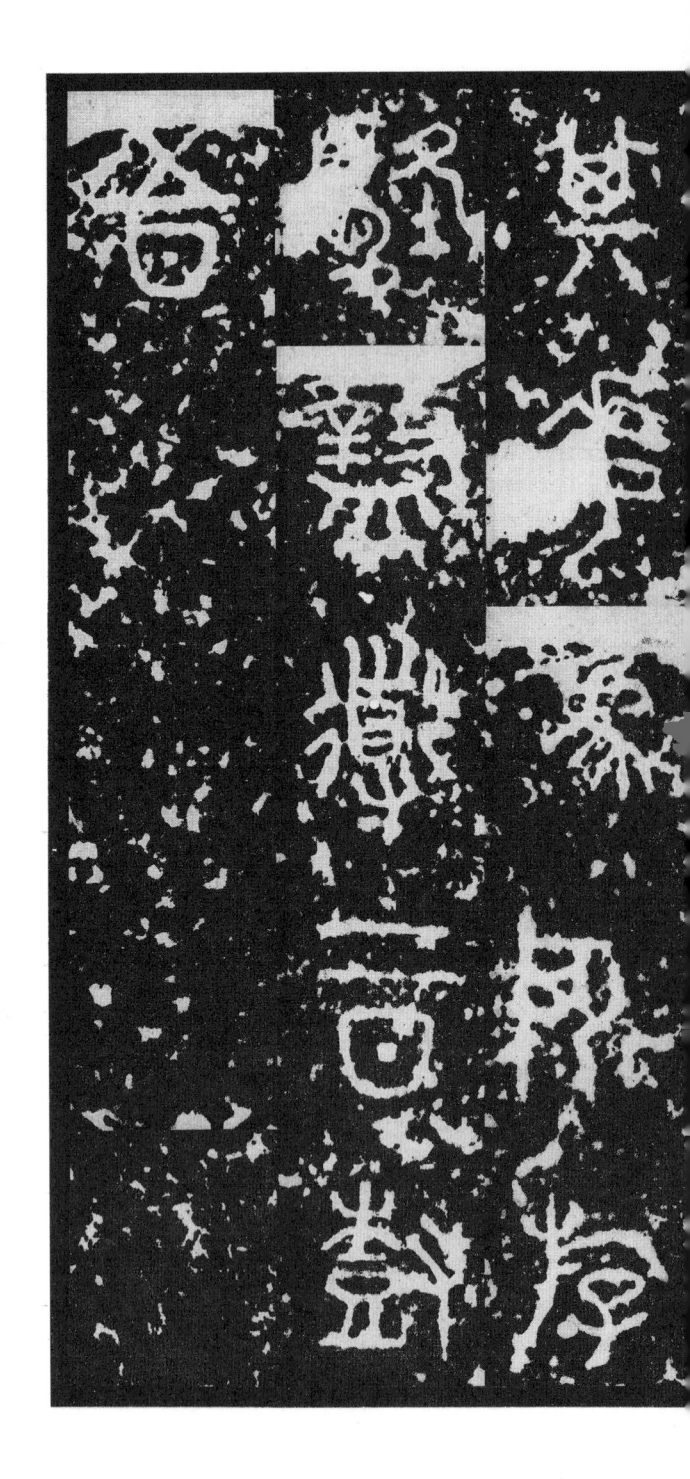

《石鼓文》中权本

| 石鼓文研究新析

義厚生佔古字餘一字條殘　桂翁

《石鼓文》中权本

此鼓较浦本多残字四乙末二字，即顯可辨，驗下一字即文

171

石鼓文研究新析

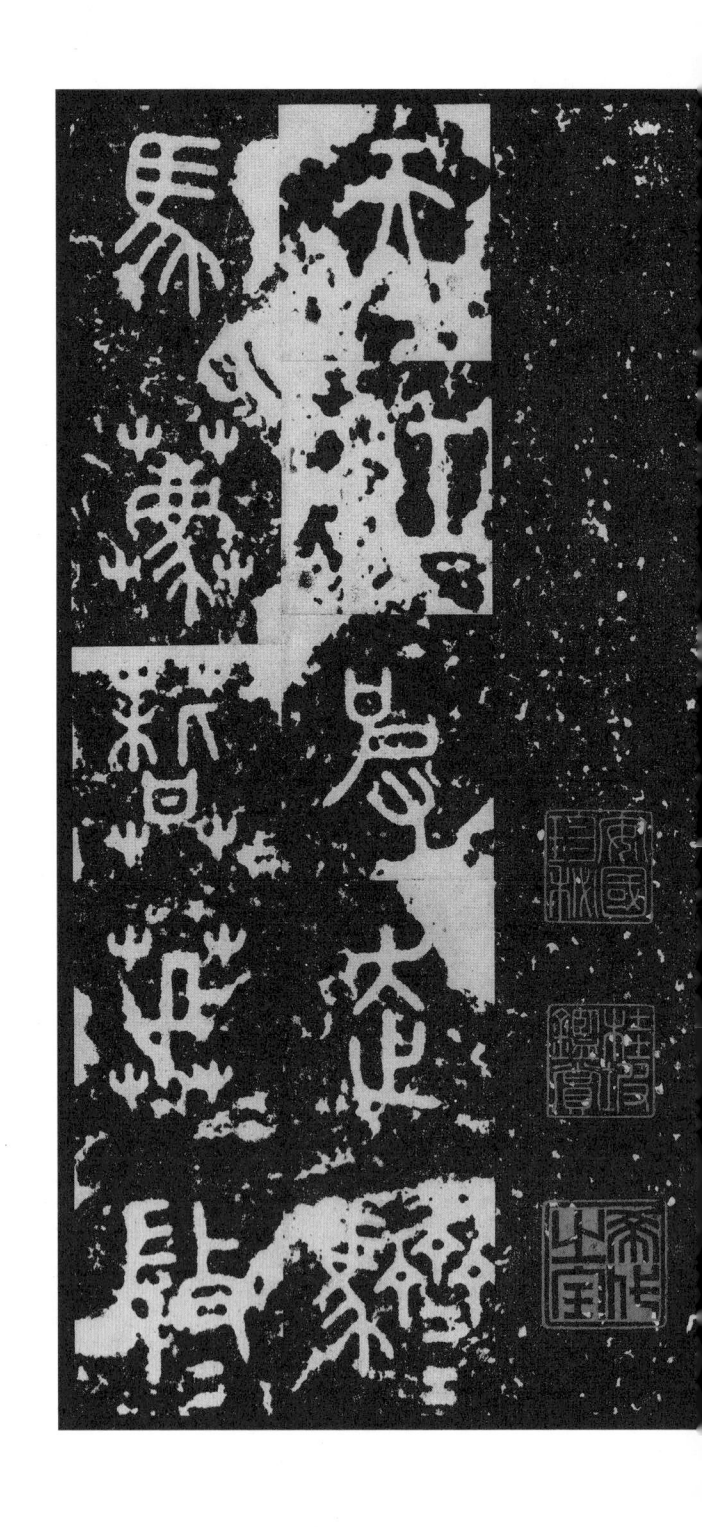

《石鼓文》中权本

石鼓文研究新析

《石鼓文》中权本

| 石鼓文研究新析

《石鼓文》中权本

石鼓文研究新析

《石鼓文》中权本

| 石鼓文研究新析

《石鼓文》中权本

癸丑中秋觀於耕漁軒倪瓚

《石鼓文》中权本

石鼓文研究新析

《石鼓文》中权本

石鼓顯於唐而盛稱於宋世傳墨本尤精舊皆大
觀本為司監拓印頒方物歟則有貢本有余藏
出涌本是也大觀初述置禁中後時時拓賜近臣
賜予有賜本是也此本屬張經橋顧翁坿
尚所藏銘義已久未敢遽請文翰盛翁與顧氏有
誼家世親和余十鼓之集已復此大且因其無後
有健雲林先生題家與余皆得涌岳源先生題本

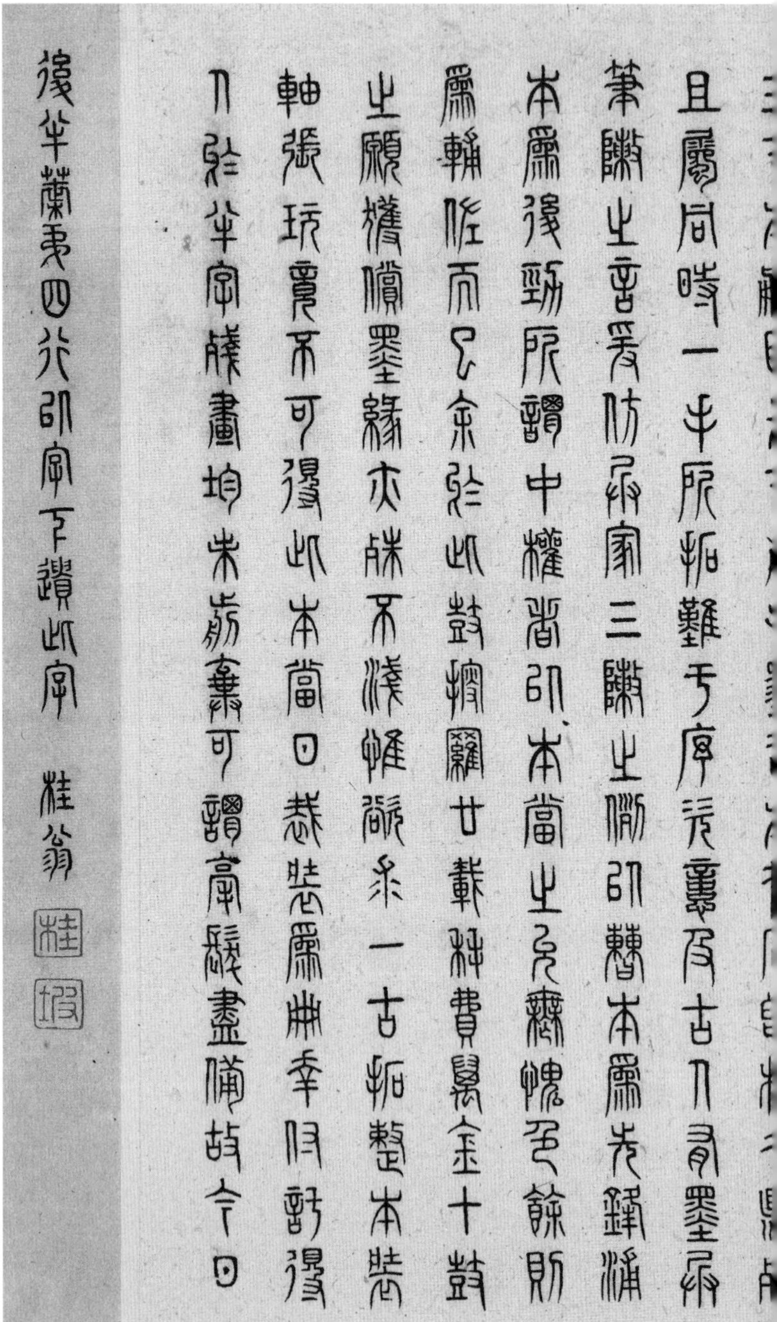

《石鼓文》中权本

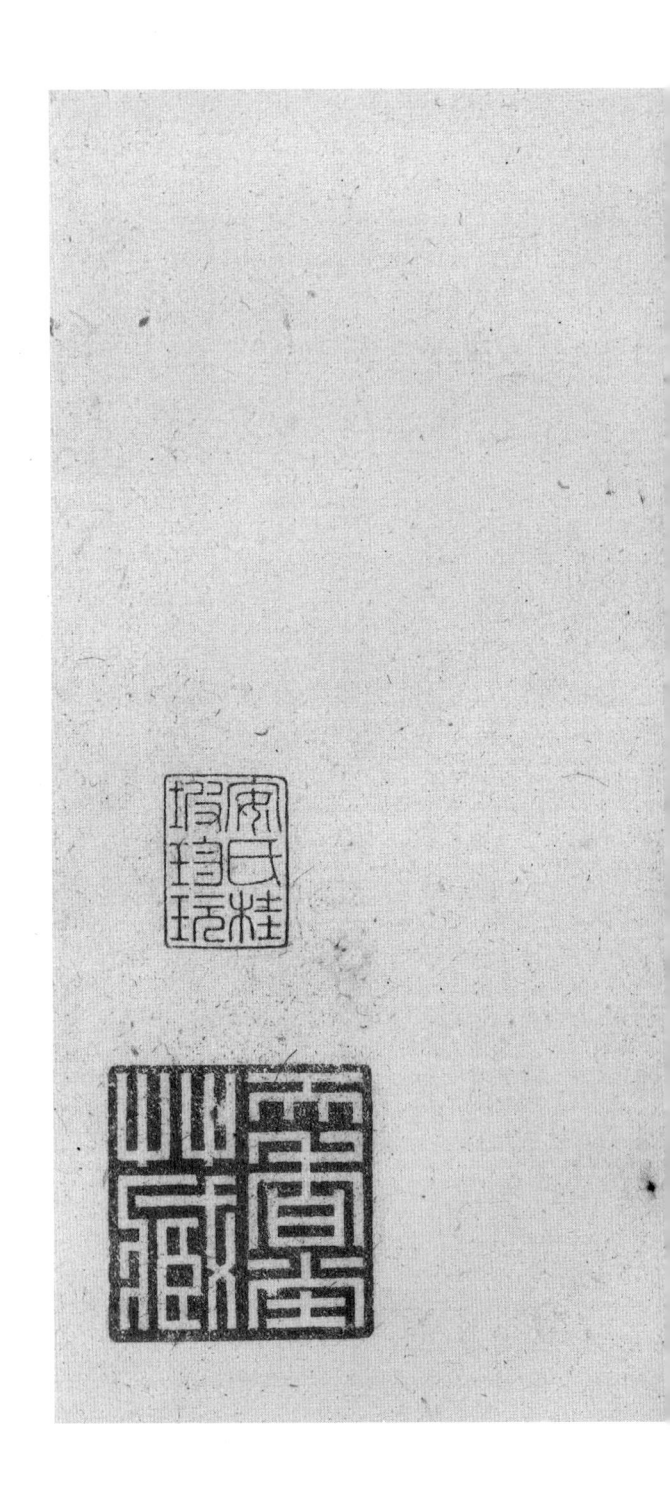

石鼓文研究新析

《石鼓文》中权本

在余十鼓齋中楷得輯爲梓寔最多北本也天籟
堂所□亦知足余夫可印尚屬也已
嘉靖丁亥二月中旬桂坡安□國題於十鼓齋

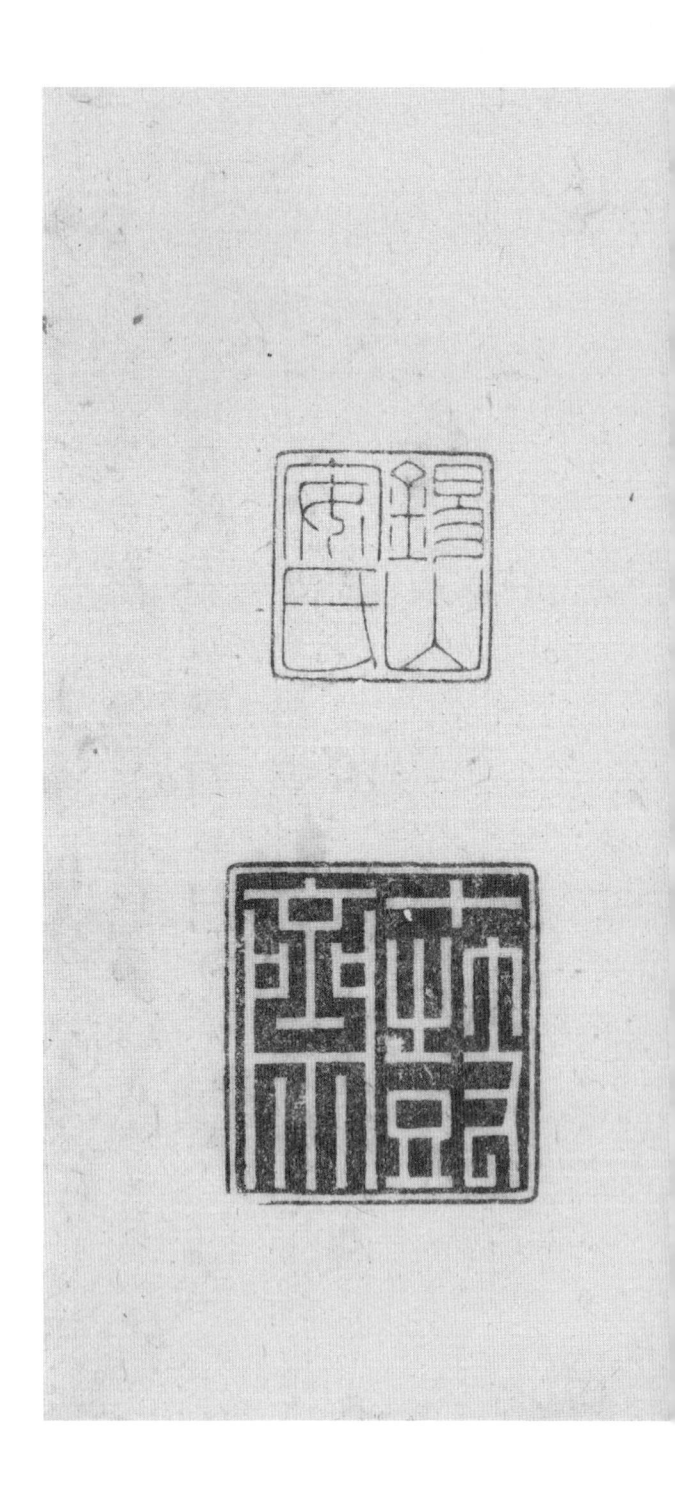

石鼓文研究新析

《石鼓文》中权本

瀞賢假借與捃贈
古人歲止卬不壽
天家墨本希世珍
願我千孫永保寶

桂翁持贈

图书在版编目（CIP）数据

石鼓文研究新析 / 马成名编著. --上海：上海书画出版社，2024.12
ISBN 978-7-5479-3476-0

Ⅰ．K877.414

中国国家版本馆CIP数据核字第2024LH7690号

石鼓文研究新析

马成名　编著

责任编辑	李剑锋
审　　读	陈家红
责任校对	郭晓霞
封面设计	王　峥
技术编辑	顾　杰

出版发行	上海世纪出版集团 上海书画出版社
地　　址	上海市闵行区号景路159弄A座4楼
邮政编码	201101
网　　址	www.shshuhua.com
E-mail	shuhua@shshuhua.com
制　　版	上海商务数码图像技术有限公司
印　　刷	上海丽佳制版印刷有限公司
经　　销	各地新华书店
开　　本	787×1092　1/16
印　　张	12.5
版　　次	2024年12月第1版　2024年12月第1次印刷
书　　号	ISBN 978-7-5479-3476-0
定　　价	78.00元

若有印刷、装订质量问题，请与承印厂联系